経済史の種 Ⅰ

Generic Economic History

児島 秀樹
Hideki KOJIMA

学文社

まえがき　本書の構成

　本書は経済学部1年生用の経済史の教科書である。高校の世界史を学んだ学生を対象としているが，世界史の知識が不足していたとしても学べるように配慮している。

　経済史を学ぶ意義には，過去の失敗例を学ぶこと，社会生活の一般常識を身につけること，対象の本質（歴史的原因）を知ることなど，いろいろある。教える側からすると，学生たちが温故知新の故事にならって，過去を知ることで，現代の形式知にとらわれない，自由な発想力を身につけて，未来への洞察力を持てるようになるのを期待している。

　この経済史の教科書は2分冊で出版される。第1分冊は大学の前期授業に，第2分冊は後期授業に対応している。前期で古代から1600年までの中世を扱い，後期で1601年以降の近現代の経済史を扱う。1600年で正確に分けたのではなく，ほぼ1600年を目安に分けた。そ

> ★　豆知識　★
> 　「温故知新」は『広辞苑』では，「古い事柄も新しい物事もよく知っていて初めて人の師となるにふさわしい意」であると説明されている。この場合，孔子の『論語』（為政）の「温故而知新，可以為師矣」を「故(ふる)きを温(たず)ねて，新しきを知る，以(もっ)て師と為(な)るべし」と読む。しかし，温を燖（煮る）という意味にとり，煮詰めるように，古いことに習熟してこそ，新しいことが理解できるという意味に理解する説もある。

まえがき

の前後の歴史を説明しないと，意味不明になる場合には，1600年という分水嶺はこえられている。それは各時代の区切りでも，同様である。

それぞれの分冊とも，さらに2つに分けているので，合計4編構成となっている。第1分冊は760年を境に，古代と中世編に分かれていて，第2分冊は1810年を境に，近代と近現代編に分かれている。厳格な時代区分をしているのではなく，人類史が始まってから紀元後760年までを古代，761年～1600年を中世，1601年～1810年を近代，1811年～現在までを，近現代として扱った。経済史で現在を扱うのは，少なくとも，私にはまだ困難であるので，事実上，第二次世界大戦までとしているが，一部，戦後も含めている。

イギリスの18世紀前後の大西洋奴隷貿易を研究してきた私にとっては，世界的な経済史を扱うのは，あまりにも荷が重い。間違いも多いのではないかと思われるが，このような無謀な試みがあってもいいほどに，現状では，経済史が専門分化されすぎている。

学生たちが理解し，覚えられることを一つの基準として，この教科書は書かれている。教科書だけでは難しいかもしれないが，講義では図式や地図，人物画，写真，時には原典の資料なども付け加えて，具体的に理解できるように配慮している。

2017年春　　児島　秀樹

目　次

まえがき　本書の構成　　1

第0章　経済史で学ぶもの ──────── 8

第0節　経済史の分野・時期区分 ………………… 8

第1節　経済と歴史の意味 ………………………… 9

第2節　歴史学方法論：蓄積される社会関係 ………… 13

第3節　経済史学の方向性 ………………………… 15

第1編　古代経済史

第1章　古代の技術 ──────────── 20

第0節　経済史での技術の意味 …………………… 20

第1節　農業の種類と作物の特徴 ………………… 20

第2節　古代の農業 ………………………………… 23

第3節　古代の情報・生産技術 …………………… 29

第2章　氏族制度 ───────────── 33

第0節　氏族制と市場経済 ………………………… 33

第1節　バンド，氏族，家族 ……………………… 34

第2節　古代社会の氏族 …………………………… 36

第3節	氏族制の付属制度	41
第4節	互恵性の例	43

第3章 領域と奴隷制 —— 46

第0節	王土論	46
第1節	土地制度と身分制度	47
第2節	奴隷制	54

第4章 古代の公共建築物 —— 63

第0節	公共の施設	63
第1節	都市の成立	63
第2節	公共事業	68
第3節	古代の交通	71
第4節	政府事業	76

第5章 硬貨の誕生 —— 78

第0節	貨幣とは	78
第1節	硬貨以前の交換手段	79
第2節	硬貨の利用	80
第3節	貸借の始まり	90

第6章 贈与と交換 —— 92

第0節	モノの交流	92
第1節	贈　与	93
第2節	市場の意味	96
第3節	沈黙交易	99

第4節　古代の商業 ………………………… 101

第2編　中世経済史

第1章　中世の技術 ── 108
　第0節　中国と西欧 ………………………… 108
　第1節　農業技術 …………………………… 111
　第2節　鉱工業技術 ………………………… 117
　第3節　情報技術 …………………………… 118
　第4節　エネルギー技術 …………………… 121

第2章　地縁共同体と世帯家族の成立 ── 122
　第0節　共同体とは何か …………………… 122
　第1節　世帯家族 …………………………… 123
　第2節　村落共同体 ………………………… 127
　第3節　流行病と人口 ……………………… 133

第3章　身分と役割 ── 135
　第0節　身分と役割の意味 ………………… 135
　第1節　荘園制 ……………………………… 136
　第2節　農民の身分 ………………………… 139
　第3節　奴隷制 ……………………………… 144
　第4節　都市の労働観 ……………………… 147

目　次

第4章　中世の地域主権 ───────── 150

第0節　中世の公領域 ………………………… 150

第1節　中世都市 ……………………………… 151

第2節　中世の道路建設 ……………………… 158

第3節　徴税と領域 …………………………… 160

第5章　金属貨幣と紙幣 ───────── 165

第0節　市場で利用された貨幣 ……………… 165

第1節　鋳貨（銀貨の時代）………………… 167

第2節　信用貨幣 ……………………………… 174

第3節　保険と利子 …………………………… 175

第4節　イタリアの簿記 ……………………… 177

第5節　営利活動 ……………………………… 180

第6章　中世商人の世界 ───────── 183

第0節　地域市場と遠隔地貿易 ……………… 183

第1節　定期市と年市 ………………………… 183

第2節　古代から中世の商業　761〜970 ………… 184

第3節　十字軍前後の商業　971〜1180 ………… 186

第4節　モンゴルの平和の商業　1181〜1390 …… 188

第5節　大航海時代の商業　1391〜1600 ………… 192

索　　引 ……………………………… 201

経済史の種

第0章
経済史で学ぶもの

第0節　経済史の分野・時期区分

　本書は2分冊，4編，6章／編の本文で構成されている。経済史の授業では，各章が1コマ（90分）の授業に相当する。

　本書では各編とも，第1章 自然，第2章 家族，第3章 生産活動，第4章 公共・財政・経済体制，第5章 貨幣・金融，第6章 市場・国際といった抽象的な分野に分けられて，説明されている。抽象的な分野による章別編成は，現代的関心や現代人好みの区別の仕方に従っている。

　第1章の自然分野は，人間が自然に働きかけていく技術的側面である。農業史や工学史に近い分野である。第2章の家族分野は子供が養育されていく現場であり，経済の末端の単位，あるいは，再生産の単位である。社会史に近い分野である。第3章の生産活動分野は個々人が持続的に生活できるようにするために，活動する場である。従来の経済史はここを主にとりあげていた。第4章の公共分野はインフラストラクチャ（infrastructure）の整備を受け持ち，社会交流を円滑にしていくために必要な経済政策や公共事業，官僚組織などが扱われる。法制度史や政治史，財政史に近いかもしれない。第5章の貨幣・金融

第 0 章　経済史で学ぶもの

はおカネの話題を中心とする。再分配や物流を公平に，効率的に行うために考案された，人をつなぐ媒介手段をとりあげた。貨幣，利子，保険等が扱われる。第 6 章の市場分野は家族や企業といった末端の生活・生産の単位が互いに交流していく場である。商業史に近い分野である。

本書は全 4 編構成で時期区分をしている。第 1 編は 760 年まで，第 2 編は 761 年〜1600 年，第 3 編は 1601 年〜1810 年，第 4 編は 1811 年以降，現在までを扱った。ただし，第 4 編は戦後に関しては，ほとんど扱っていない。この時期区分には次のような意味がある。

本書では，短期の時期区分として，約 70 年を一つの単位としている。70 年は一人の人間が生きて，感知できる時間枠である。70 年もあれば社会は変化する，ということを実感できるようにするための区切りでもある。その倍数で，長期の時期区分も行っている。起点は 2020 年である。

第 1 節　経済と歴史の意味

経済史は経済の歴史である。経済は人間を生物的に維持するのに必要な物質的財貨の生産・分配・消費などの活動，いわば衣食住にかかわる社会関係である。歴史は過去の人間の活動の記録である。端的に理解すれば，経済史は衣食住にまつわる人間の歴史である。

英語の economy（経済）はギリシア語のオイコノミアに由来する。

第0章　経済史で学ぶもの

オイコノミアは家政術と訳され，富を取り扱う専門的な技術のことである。家を意味するオイコスと法を意味するノモスがつながって，オイコノミアとなった。家族全体の共同利益のための，賢明で法にかなった一家の統治を意味するものである。

18〜19世紀の古典派経済学の時代には現在の経済学という意味で，政治経済学（political economy）という用語が利用された。政治（politics）はギリシア語のポリティコスに由来し，ポリスとよばれた都市の民に秩序を与える方法である。

生態学（ecology）の語頭も経済と同じである。ドイツの動物学者 E. ヘッケル（Ernst Haeckel：1834〜1919）が1860年代に作った Oecologie から，生態学が始まった。この eco もギリシア語のオイコスを語源とする。生態学が生物と環境の相互作用を扱うとすれば，経済学は人間とそれをとりまく社会や自然環境を扱う。

19世紀の英国の文学者カーライル（Thomas Carlyle：1795〜1881）は当時の経済学者達に「陰鬱な科学（the dismal science）の教授たち」という異称を与えた。カーライルはその用語を1849年の論文で初めて利用した。その論文で彼は，経済学者と奴隷制廃止論者を蔑視し，需要と供給を呪った。

貴族は，その身分にふさわしい振る舞いをするものであるとして，その社会的責任や義務を表現する「ノブレス・オブリージュ」（noblesse oblige）という言葉がある。貴族趣味のカーライルはこのような身分制的差別意識をもち，秩序ある社会は神のように正しく振舞う人によっ

第0章　経済史で学ぶもの

て生み出されると考えた。ノブレス・オブリージュの発想は身分制度の正当化理論であった。彼にとっては，経済学的自由（神の手による価格決定）や身分制（奴隷制）の廃止は唾棄すべきものであった。カーライルのように，正しく振舞う人は「神」であるため，民衆にとってはしばしば独裁者となる。

日本語の経済は「経世済民（けいせいさいみん）」または「経国済民」を短くした言葉である。これは「世・国を治め，民を済（すく）う」という意味で，経済政策やpolitical economyに近い。太宰春台（だざいしゅんだい）（1680〜1747）の『経済録』では，「凡（おおよそ）天下国家ヲ治（おさ）ムルヲ経済ト云，世ヲ経（おさ）メ民ヲ済（すく）フト云フ義也」と説明された。

幕末の箕作阮甫（みつくりげんぽ）（1799〜1863）は経と史を重視して，科学の本質はできあがったものではなく，これが作られ，変化していく過程にあると考えた。経済学は結果の学であるが，経済史学は変化の学である。

本書では，経済史が扱うものは，物欲を成り立たせる人間関係の歴史＝変化であると理解している。人間が生物として存続するために必要なモノを，いかにして，社会的に確保していくか。基本的には集団

★　豆知識　★
　済（濟：セイ，サイ，わたる，すくう）は「水を渡る」の意味である。水をわたることから，成就し，救済することも意味するようになった。

第0章 経済史で学ぶもの

でしか生きることができない人類が，その社会の中で，どのようにして物質的に生きていくか。人間と自然との社会的新陳代謝の仕方を探るのが経済史である。貨幣で表現されるモノだけでなく，贈り物や家族など，人間（社会）の生物的生存に関係するものは，法制度も含めて，経済史の関心事である。

歴史学は古代ギリシアのヘロドトス（前485頃～前420頃）や司馬遷（前145頃～前86頃）の時代から受け継がれている。歴史は英語でhistoryである。これはhistoria（探求）というギリシア語に由来する。探求の結果，何かが物語られる。中世では，natural history（博物学）という言葉で表現されたように，個々の現象とその全体の関連性を扱うものも意味していたが，15世紀の終わり頃から，historyで過去の記録を意味するようになった。

経済史はいつ誕生したのであろうか。経済学の父であるアダム＝スミス（Adam Smith：1723～1790）の『国富論』（1776）には，経済史と理解できる内容が豊富にある。しかし，古代を奴隷制の時代，中世を封建制・農奴制の時代，近現代を資本主義・賃金労働制の時代と理解する仕方に大きな影響を与えたのは，カール＝マルクス（Karl Marx：1818～1883）であろう。その意味で，経済史への関心は18世紀～19世紀に始まった。

現代の経済史学はスミスやマルクスで止まってはいない。専門的な

経済史研究の開始時期を求めると，中世都市史の研究で有名なベルギーのアンリ=ピレンヌ（Henri Pirenne：1862〜1935）や農村史の研究で有名なフランス・アナール学派のマルク=ブロック（Marc Bloch：1886〜1944）の名前をあげられるであろう。その他にも，20世紀前半に活躍した重要な経済史研究者は多い。『プロテスタンティズムの倫理と資本主義の精神』（1904〜05）で有名なマックス=ウェーバー（Max Weber：1864〜1920）のように，経済史研究に大きな影響を与えた社会学者もいる。

これらの基礎研究をもとにして，20世紀後半は経済史の地道な実証研究が進んだ。20世紀前半に培われた常識が一部，通用しなくなるほどに，研究が進んでいる。

第2節　歴史学方法論：蓄積される社会関係

古代ギリシア人や古代ローマ人は万物を4元素で構成されると考え，4元素を土，空気，火，水と定義した。同様に，古代中国人は5元素を木火土金水と定義した。似た発想で自然や人間をとらえる時代がある。歴史家は「似ている」ことを中心に，一つの「時代」を作成する（特徴の抽出）。「同時代」である。しかし，現実には，似て非なる物も存在するので，注意して，時代を組み立てる必要がある。

文化・文明が異なるという点を強調して，同時代性を否定する歴史家もいる。それでも，土器しかもたない文明，文字をもつ文明，鉄器

第 0 章　経済史で学ぶもの

文明などの相違を認めることで，同時代性を否定しさることはできていない。鉄や文字が利用できるか，否かで，文明のあり方が異なってくるのが，意識できるからである。それを同時代と言いたがる進化論的な歴史家と，言いたくない文明論的な歴史家の相違がある。

差別や支配を嫌う文明論的歴史家は，進化論的な同時代性を否定する。この極端な立場が文化人類学者のレヴィ・ストロース（Claude Lévi-Strauss：1908～2009）に見られる歴史の否定である。

歴史を見るときの，二大潮流の中で，本書では，同時代性を認める進化論的な歴史学を採用する。鉄を作る技術や文字を書くという発想が生まれるためには，それなりの人類の知恵の蓄積が必要であるし，それらの知識・技術の創出にともなって，それまでとは異なる人間社会が生まれたと考える。蓄積がなければ，創造もない。子供が大人になるために，さまざまな経験や知識の蓄積が必要であるように，人類は社会の中で，さまざまな経験や知識を蓄積して，今日に至っている。

現代と同じ社会制度や市場経済を「選択」したいと思っても，中世人には不可能であるし，未来人にも，一部の集団としてならともかく，人類全体としては不可能である。制度は好みで選択できるものではない。それぞれの時代に解決困難な問題がある。その問題の解決法がみつかると，それを基礎にして，次の新しい問題が生まれ，新しい解決法が目の前に現れる。それらがさまざまな形で蓄積されてきた。抽象的に言えば，人間が遭遇した問題の解決と，その社会的蓄積とで構成

されているのが，歴史の流れである。

人間はモノや制度を社会的に継承する。人々は所有権で守られた家族を相続するかもしれないし，呪術で守られた氏族を継承するかもしれない。言語，思考法，身分，地位，政治形態など，すべて，相続・継承の対象であり，人はなぜそれができるのかに疑問を呈することもない。

いかにして他人にたかるか，そして「たかり」であると言われないように，数式を利用したり，法律を建前としたりして，それを正当化するための話術・言論術も継承する。その継承のために子供の教育が行われる。仙人として生きている人でさえ，自然に関する知識を先人から継承したので，誰にも頼らずに生きていくことが可能になる。仙人以外の人は，たいていほぼ100％，他人に依存して生きている。経済史は，そのように蓄積された，生物体として生きていくための手法（＝社会関係）を研究対象とする。

第3節　経済史学の方向性

以前，経済学は大きく3部門に分かれると考えられていた。この分け方はおそらくアダム＝スミスの『国富論』の影響があるものと推測される。3部門とは経済学理論，経済政策，経済史である。

今，経済学理論は経済史研究をも理論化しようとして，自分の学説を歴史事象の中で検証しようとしている。経済史研究者の主流派から

は，それらが成功していると理解されることは少ない。経済学理論を経済史に応用しようとする試みの多くは，現代人を前提として打ち立てた「人間論」を歴史的な対象に当てはめているにすぎない。それは，人間の感性を動物やモノにあてはめるアニミズムと同様の手法である。

　基本的に歴史学は積み重ねを見ている。歴史学は科学的方法論としては物理学より，遺伝子の研究や発達心理学の研究に近いかもしれない。積み重ねの中で，可能性は実現されるし，新しい現実が新しい可能性を生み出す。特定の歴史段階で実現されなかった可能性は，その方向での新しい現実を永久に作り出すことができないかもしれない。そのような研究視角をもっているのが，理論とは異なる歴史学である。

　経済史は，フリードリヒ＝リスト（Friedrich List：1789～1846），ロッシャー（Wilhelm Roscher：1817～1894），クニース（Karl Knies：1821～1898）らのドイツ歴史学派から生まれてきたと理解してみよう。19世紀，イギリス古典派経済学がどの国にも通用する経済学理論を打ち立てたと思っていたのに対して，ドイツ歴史学派はドイツにはドイツの特殊事情があるとして，歴史的現実から社会を見る目を育ててきた。経済学理論と経済史の関係には，常に，そのような汎用性に乏しい普遍理論と，汎用的な特殊理論との対立があるのかもしれない。「組織の経済学」ともよばれる新制度派経済学は，取引費用理論，プリンシパル＝エージェント理論，所有権理論などの理論を用いて，経済諸制度の分析，現実の企業経営組織・戦略，コーポレート・ガバナンス問題な

第0章　経済史で学ぶもの

どに応用されている。この新制度派も経済史に影響を与え始めている。

　本書では，世界の経済史を扱うが，通常，経済史は西洋経済史，東洋経済史，日本経済史などに分かれて，それぞれに地域の経済史が取り扱われる。西洋，東洋という概念は中国でも作られた。汪大淵『島夷誌略』(1351)に「東洋の尽きるところ，西洋の起こるところがブルネイである」という記述がある。呂宋(ルソン)から文莱(ブルネイ)までの6カ国を東洋，それより西を西洋とした。中国・福建省から見た航路で，そう見える。マテオ＝リッチは『坤輿万国全図』(1602)を描いた。ここでは今日の東洋・西洋概念と似た言葉遣いが用いられた。

　従来の，国家を基礎とした歴史学は世界の一体化の中で，その変化を見せ始めている。経済史もそのような動きに対応せざるをえない。歴史はユーラシア大陸では同時に進んでいるように見えることもある。しかし，サハラ砂漠より南のアフリカ大陸と黒人（ニグロ）やコイサンたちの歴史，および，アメリカ大陸とその先住民の歴史は，ユーラシア大陸とはかなり異なる。

　植物の原産地ではさまざまな種類のものが誕生することが多い。南米には，今，世界に普及しているジャガイモとは異なり，さまざまな

★　豆知識　★
　汪大淵（1311～1350？）は泉州を拠点とし，1330年頃にはインドまで，1337年頃には東アフリカまで航海したと言われる。

第0章 経済史で学ぶもの

色や大きさ，人間の食糧としては不適格なものも含めて，多くの種類のジャガイモがある。技術革新も似ていて，技術開発の震源地では，さまざまな技術が生まれて，消えていくのに，普及した先では，種類が少なくなる。アフリカ大陸は人類の発祥の地であるからであろうか，他の地域と比較すると，いろいろな型の遺伝子をもつヒトが多そうである。風土だけでなく，そのような事柄も，社会体制の違いに影響を与えているかもしれない。

見えるものの違いを論じるだけの歴史学（過去の解釈学としての歴史学）とは異なる歴史学を，ここでは，射程距離に置いている。法律が適用・強制される日常の現場で，裁判官が法の変化に気づくこともなく，歴史の流れに反した判決がなされることも多い。その場合，保守的な人間がより多くの利益を得る可能性が高い反面，新しい社会に適合した人間は多くを失う可能性が高い。法曹界の権勢欲と，特定の保守的パターン認識（法的要件）への固執とによって，社会が混乱状態に陥ると，歴史が動き始めることがある。革命的動乱の時代の裏には，たいてい，そのような裁判官たちがいる。法の執行者である司法が法の変化を無視するため，法そのものと法的要件が乖離する。

第1編
古代経済史

第1章
古代の技術

　日本では縄文時代から1万年近く続いた漆塗りの技法が，今，廃れつつある。数億年かけて生まれてきた遺伝子も，各地で，消滅している。伝統は破壊されるものであるが，一度，破壊されると再生が不可能なものも多い。

第0節　経済史での技術の意味

　経済学の祖であるアダム＝スミスは『国富論』(1776)で分業(division of labour)による生産性の増大を指摘した。現代まで，技術革新は経済学の重要な話題の一つである。衣食住を成り立たせる技術の中でももっとも重要な農業は，マルサス(Thomas Robert Malthus：1776～1834)の『人口の原理』(1798)以来，人口との関係で論じられることが多い。経済史の主題として人口史を置く学派もある。

第1節　農業の種類と作物の特徴

　農業には大きく分けると，耕種農業と牧畜業がある。野性の植物を栽培化したり，動物を家畜化することを英語では，domestication と

第1章 古代の技術

いう一つの言葉で表現する。

農耕がいつ始まったかは定かではないが、最終氷期（約7万年前〜1万年前）が終わって、紀元前9500年頃から温暖化が急速に始まり、世界の各地で農耕が始まったと見られている。完新世（約1万1700年前〜現在）の温暖な気候は農耕に役立った。

前1万8000〜前1万3000年頃の大気の平均気温は現在より約6〜7度低かった。ヤンガー・ドリアス期（前9000〜前8300年頃）に寒の戻りがあり、その後の約2000年（前8300〜前6000年頃）は降雨に恵まれた時期で、農耕や牧畜が相前後して始まった。ヒプシサーマル期（前5500〜前3000年頃）には、現在より約1〜3度、平均気温が高かった。その後、気候は冷涼になり、森林が減少し、草原が拡大した。

農業は栽培できる植物によって、各種の形式をとる。種子農業ではコムギやコメ、トウモロコシ、あるいは、雑穀（ヒエやアワなど）の栽培が中心となる。この耕種農業では、土地を開墾し、種をまき、収穫し、種を貯蔵する必要がある。

コムギ、オオムギやエンドウマメなどの栽培は遅くとも前6000年までに、西アジアで始まった。ムギ類の栽培と家畜飼育による農耕文化は東西に伝播した。コムギは連作障害にあう。そのため、コムギは他の作物と組み合わせて栽培される。穀物生産地では肥料として家畜の糞を利用して、地力を回復した。

栽培されているイネには大きく分けて、アジアイネとアフリカイネ

がある。アフリカイネは西アフリカの一部の地域で栽培されているだけで，他はアジアイネである。アジアイネの栽培の起源地については諸説あるが，インドのアッサムから中国の雲南にかけての地域であるとする説が有力視されている。栽培の始まりは紀元前4000年以前であると見られている。

メキシコでは，紀元前6000〜5000年頃，トウモロコシの栽培が始まった。トウモロコシはアメリカ大陸原産であり，コムギの約2倍の収量がある。

栄養体農業を中心とする農耕文化を根栽農耕文化という。この農業は熱帯の森林地帯で発達した。多くは森林を伐採して，焼いたあと，根栽作物を植え付けた。種子農業と異なり，収穫が安定していた。

根栽に用いる作物としては，マニオク，タロ，ヤム，ジャガイモ，サツマイモなど，熱帯性のイモ類が多い。多くの地方で，これらとバナナ，ココヤシ，パンノキ，サトウキビなどの作物や豚，鶏などの家畜が組み合わせられる。イモ類は掘り棒によって，個々に植え込まれる。開墾・貯蔵の必要性は少ない。

★ 豆知識 ★
発音は同じ「こんさい」でも，根菜と根栽は意味するものが異なる。根菜はダイコン，ニンジン，ゴボウなど地下の根茎や根を利用した野菜である。根栽はサトイモやヤムなどを中心として，果菜や豚などを組み合わせた初歩的農耕をさす。

ジャガイモはアメリカ大陸原産の作物の一つで，世界に大きな影響を与えた。ジャガイモは標高4,000m近いティティカカ湖畔を故郷とする作物であると言われる。インカ帝国では，ジャガイモが主食となっていた。ジャガイモはタバコ，トマト，トウガラシ，ナスなどと同様，ナス科の植物である。ジャガイモの栽培種は8種類のみで，あとは野性種である。8種類の栽培種の中で，現在，世界中で栽培されているのは，1種類のみで，残りはアンデス高地だけで栽培されている。

犁(すき)，鍬(くわ)，掘り棒，小鎌(こがま)，斧(おの)などの主要な農具は紀元前1千年紀（前1000〜前1年）の中頃までに考え出されていた。家畜を利用した耕作，休閑，人畜の糞尿の利用，地力維持のためのマメ類の栽培（根粒菌による窒素肥料効果），灌漑，揚水などの技術知識も紀元前に生み出されていた。

作物の生産に必要な肥料には，堆肥，草木灰，石灰，緑肥，泥灰土，厩肥など，さまざまな種類がある。牛糞は世界各地で肥料としてだけでなく，燃料や接着剤としても利用されていた。

第2節 古代の農業

初歩的な農業はたいてい焼畑(やきはた)から始まった。日本では「焼畑」がもっとも人口に膾炙している言葉であるが，切替畑(きりかえばた)式農法または移動耕作と表現したほうがいいかもしれない。畑を焼く意味は大きいが，焼か

ないで移動する事例もあるからである。中国の殷・周期の農業は基本的に切替畑式農法である。

日本では遅くとも縄文時代後期（前2000年以降）に焼畑が見られる。1年目は木や草を焼き払って，イネ科の植物を直播きする。草木の灰はカリ肥料となる。2年目は豆類を栽培して，窒素肥料を供給する。3年目は根栽作物を植える。そして，雑草の成長を阻止できず，作物の成育が芳しくなくなる4年目には自然に戻す。

自然による地力回復を待って，同じ土地を20～30年後に焼く。作物の種類や栽培の順序を問わなければ，世界中で同様な形で，焼畑が行われた。

近年，焼畑が自然を破壊すると考えられることがある。しかし，古代の焼畑農業は，数十年かけて，村の周囲を一巡する形で畑を作る自然回復型の農業である。カリ肥料の供給のほか，森林の焼却による畑の創出は，鉄製の道具がないか，少ない段階で，木を伐採する労力を省く意味もあったであろうし，作物にとっての大敵である害虫を退治する意味もあったであろう。

焼畑で人口がまかなえなくなると，半永久的に利用できる農地の創出と輪作の工夫が始まる。自然の回復力に頼るのではなく，灌漑や輪

★ 豆知識 ★
「畑」という漢字は「火」と「田」で構成され，本来，焼畑の意味である。水田を意味する田に対して，畑という字を用いる。

第 1 章　古代の技術

作等の導入によって，人工的に地力を維持して，一定の土地の上で作付(さくつ)けを可能にする。

　焼畑は村落単位で可能な農業である。それに対して，治水・灌漑が始まると，それを可能にする権力機構が必要とされ，村落をこえる政治単位が登場する。

　労働（農作業）に従事しないでもいい王侯貴族の登場を考える際に，農業生産性の増大による余剰作物の生産が想定される場合がある。治水・灌漑の維持のために権力機構が必要とされた。設備に投入される労力の評価や水の奪い合い等，人間の欲望の秩序化には権力が必要となる。

　紀元前 6000 年頃までに西アジアで農耕や牧畜が開始した。これは食料生産革命ともよばれる。西アジアの中で，メソポタミア地方がもっとも先進的であった。シャーム地方からメソポタミアにかけての地域は肥沃な三日月地帯とよばれる。レバノン山脈，ティグリス・ユーフラテス両河の上流域，イランのザグロス山脈に至る丘陵地帯がその中心であった。

★　豆知識　★

　メソポタミアは「両河の間の土地」を意味するギリシア語に由来する。シャーム地方はトルコ南西部のタウルス山脈からシナイ半島まで，地中海からメソポタミアまでの，シリア，ヨルダン，レバノン，パレスチナ地域を指し，アラビア語でアッ・シャーム（al-Sham）とよばれる。

第1編　古代経済史

　バビロニアのハンムラビ王（在位，紀元前1792〜前1750）の灌漑面積は，2.6万km²もあった。灌漑農業が始まる頃には，銅器，青銅器の生産も始まり，金属製の武器，車や船などの輸送手段，陶器をつくる轆轤（ろくろ），鋤などの農具も作られるようになった。

　小アジアにいたヒッタイト人は前1600年頃，バビロニア王国を滅ぼした。彼らははじめて鉄器を本格的に使用した民族である。前12世紀に彼らが滅びると，鉄器の製法がオリエント各地に広まった。鉄器は大規模な開墾を可能にし，農業生産を高め，鉄製の武器と戦車が巨大な軍事力を形成した。

　古代エジプトの農耕文明は，ギリシアの歴史家，ヘロドトス（前484頃〜前425頃）が「エジプトはナイルの賜物」といったことで有名である。この言葉は通常，ナイル川の氾濫でできる肥沃な沈泥が豊かな農作物を提供するという意味であると，理解されているが，ヘロドトスは川によって土地が作られたと書いただけである。

　エチオピア高地は定期的に雨がふり，7〜11月にナイル川が増水する。エジプトに上流から肥えた土が運ばれた。増水は規則的に生じた。ナイル川の氾濫を予知する必要から，1年を365日とする太陽暦がつくられ，ひと月を30日とし，年末に5日の閏日を加えて，1年とした。

> ★　豆知識　★
> 　アナトリア半島は小アジアとよばれる。半島のエーゲ海寄りの地域は古代ローマ時代には属州アジアとよばれた。英語のオリエント（orient）はラテン語のオリエンス（太陽の昇る地方）に由来する。

第1章　古代の技術

　ナイル川の氾濫を利用するため，農地の測量や土木工事のための測量術が発達した。ナイル川流域では溜池農法とよばれる灌漑方式が発達した。ナイル川に直角に長い土手を築き，面積が数百～2万 ha ほどの溜池が作られた。7月中旬から始まる増水期に，ナイルの水が導き入れられ，1～2 m の深さに湛水させて，40～60日ほど放置する。

　ナイルの水位の低下とともに，水が排水路から自然に流れ去り，大地には十分な水分と肥料分を含んだ，数センチの泥土が残される。泥土の上にコムギのタネがまかれる。その年のナイル川の水位によって，翌年のコムギの収穫高が変動した。この溜池農法は19世紀はじめまで基本的に維持された。

　中国は黄河中流域と揚子江下流域で農業方法が異なる。黄河中流域では，紀元前6000年頃に，アワやキビの栽培が始まった。揚子江下流の江南では，水稲主体の農耕が営まれた。

　中国の周の時代，青銅器は貴重で，農具は石器や木器が中心であった。人力用の農具は耒(らい)や耜(し)が用いられた。のちに，耒耜は鋤(すき)を表す言葉となった。耒は二股のフォークのような形をした木製の農具で，耜は棒の先に石や骨をくくりつけたスコップのような農具である。

　黄河流域では，紀元前1800年頃に灌漑農業が始まった。司馬遷『史記』によると，禹(う)が帝王舜(シュン)に大洪水を収めることを命じられ，13年間各地を奔走し，治水に成功した。この功績で，舜帝から禅譲(ぜんじょう)を受け，

禹が夏王朝を開いた。夏王朝は紀元前22世紀から17世紀頃に存在したのではないかと推定されている。

　春秋戦国時代に、各国は治水灌漑事業を行って、耕地の拡大に努めた。その頃、鉄器がつくられて、都市国家の統一がすすんだ。耒や耜の先端に鉄が用いられるようになり、土の掘り返しが改良され、土の団粒構造が厚みを増した。鉄の犂を牛にひかせる農法も広まった。牛にひかせる犂は長床犂が主流であった。長床犂が普及したのは漢代であるとみられている。

　春秋時代までの農法は切替畑方式であったが、鉄器の普及で、戦国期には農地の割替制がみられるようになった。秦・漢時代にはこれらの努力が実って、中国の人口は6千万人規模に達した。

　インダス文明時代（前2600頃〜前1800頃）のインドでは、都市の外に、広大な農村地帯が存在した。インダス川中・下流域の農業は雨季（6〜8月）の氾濫のあとに、沈殿した肥沃な土壌を耕して、オオムギ・コムギ・マメ類が栽培された。冬作の麦と夏作の雑穀という二毛作もみられた。

　前1500年頃、インド・ヨーロッパ語系のアーリヤ人が中央アジアから南下し、パンジャーブ地方（インダス川中流域）に侵入した。彼らは牛を飼い、ムギを栽培した。前5世紀頃、仏教が創始された時代に、ガンジス川中・下流域の平原では、集約的な水稲栽培が実施された。村は集村の形をして、中央に広場や集会所がおかれた。村の周りには

柵・畦・水路などで区画された田畑が広がった。

　メキシコで最初に栽培されたトウモロコシの野生種は穂軸の長さが 2.5 cm ほどで，種子の数は 50〜60 粒にすぎなかった。しかし，のちにペルーから逆輸入されて，品種交配を進め，穂軸長が 15 cm 以上の品種が生まれた。

　この地域でも，熱帯焼畑農耕が発達した。焼畑でトウモロコシやイモ類などが栽培された。キャッサバ（その根がタピオカの原料）は青酸配糖体が含まれていて有毒なので，加熱処理，液汁の絞り出しなどが必要である。

　アンデスでも，前 2000 年頃までにジャガイモ，トウモロコシ，カボチャ，トウガラシ等が栽培された。灌漑に基づく農耕社会が海岸部に成立した。王侯貴族が戦争を指揮し，平民が農業・公共事業に従事した。

第3節　古代の情報・生産技術

　古代社会でも多くの技術革新が行われた。人々は火を利用し，船や車を製造し，建物を造営し，文字を発明した。現代では，文字は情報の伝達手段や責任の記録手段として理解されている。古代社会でも，その側面はあった。しかし，文字は呪術を対象化する手法としても機能した。

第1編　古代経済史

　メソポタミアの楔形文字は前3000年以前に使用され，前2500年頃には文字体系としてほぼ完成していた。さらに，手紙や契約文書では，円筒印章を刻印して，その所有者を表した。古代エジプトの文字であるヒエログリフ（聖刻文字）は前3000年頃，エジプト王国の開始とともに，使用され始めた。

　前11世紀の中頃，フェニキア人はウガリットの楔形文字のアルファベットを改めて，子音だけからなる22個のフェニキア文字であるアルファベットを発明した。内陸では，アラム人が鉄器などの取引に活躍し，アラム語がオリエントの国際語となった。アラム文字はアラビア文字のもとになった。

　ギリシアでは前8世紀，ホメロスの叙事詩が成立した時に，アルファベットの使用も始まった。フェニキア文字がギリシア化されて，ギリシア語のアルファベットが作られた。

　中国では甲骨文字から漢字が作られた。甲骨文字は前13世紀頃に作

★　豆知識　★
　ギリシア神話では，フェニキアのテュロスの王の娘エウロペは，牡牛に姿を変えたゼウスに連れ去られて，地中海を渡り，クレタにたどりついた。エウロペの兄弟が彼女を探しにギリシアにやってきた。その時，フェニキア文字が伝えられた。エウロペは「ヨーロッパ」の語源である。

★　豆知識　★
　アルファベットという単語は文字列のはじめの2文字āleph（アレフ＝牛の頭）とbēth（ベート＝家）をつないだものである。

第 1 章　古代の技術

られた。それ以前，仰韶(ぎょうしょう)文化（前 5000〜前 2500 年頃)に陶文(とうぶん)という字がある。その中には甲骨文字に似た文字もある。のちに，秦の始皇帝は度量衡の統一の一環として，官僚の文書行政の便をはかって，小篆(てん)への文字の統一も試みた。

新アッシリア王国（前 934〜609）のアッシュール＝バニバル（在位,前 668〜前 627）は全土から粘土板を首都ニネヴェ（現イラク北部）に集め，大規模な図書館を設立した。その図書館跡で見つかった粘土板で，もっとも有名な物語が『ギルガメシュ叙事詩』（アッシリア語）である。

エジプトではパピルスに文字が記載されるようになった。パピルスは paper の語源となり，後にパピルス輸出の中心地となった，フェニキアのビュブロスにちなんで，biblio や bible, book という言葉が作られた。

紙の製法は後漢の蔡倫(さいりん)（?〜121 頃)が開発したといわれる。中国で，紙以前に，文字は主に簡牘(かんとく)に書かれていた。竹簡(ちっかん)と木牘(もくとく)をあわせて簡牘という。

蔡倫は樹皮・麻くず・ボロきれ・漁網などの繊維素材から紙をつくり，105 年に和帝に献上した。蔡倫以前に紙はあったが，「紙」という言葉は主として縑(かとり)のように細糸で緻密に織った高価な絹布を表していて，包装や装飾に利用していたものであった。安価で書写に適した素材としての紙を作ったのが蔡倫であった。当初は書籍用に利用されて

いたが，晋（265〜316）の頃から徐々に，刑法典の律や行政法典の令等の法令も，それまでの簡牘ではなく，紙に書かれるようになった。

　いつ頃からか，人類は経糸と緯糸を組み合わせて，織機(しょっき)を使って布を製造していた。織物業は狭義では，織機を使って布を製造する過程をさし，広義では，それを可能にするための前後の作業も含む。平織(ひらおり)，綾織(あやおり)，紋織(もんおり)等，さまざまな織り方があり，糸染め，布染め等，さまざまな染色方式がある。原料糸の素材によって，織物業はいろいろな顔を見せる。19世紀に化学繊維が製造されるようになるまで，主に，亜麻，綿といった植物繊維や，絹や羊毛といった動物繊維が利用された。亜麻布(あまふ)（linen）は前5000年頃にエジプトで製造されている。

　現在，森のないレバノンの山々は，古代にはうっそうとしたレバノンスギ（香柏）の森で覆われていた。レバノンスギの森はフェニキア人やローマ人によって破壊されたと言われている。レバノンスギは船材をはじめ建築材料としてすぐれ，ヘブライ統一王国第2代の王ダビデ（在位前997〜前966頃）や第3代の王ソロモン（在位前967〜前928頃）は宮殿造営にこのスギを取り寄せたという。『ギルガメシュ叙事詩』によると，レバノンスギの森は，森の神フンババによって守られていた。しかし，フンババはウルクの王ギルガメシュに惨殺された。

第2章
氏族制度

子供を養育する単位として，現代では家族が重要である。古代社会でも家族は存在するが，経済的に家族は氏族の中で生活していた。氏族は現代の家族や地方自治体，国家を合わせたような役割を担っていた。

第0節　氏族制と市場経済

人間は市場で得た商品だけで生きているのではない。品物を売買する必要がない場がある。現代であれば，家族や会社の内部がそれである。ここでは市場は成り立たない。商品売買が行われない場を「共同体」(community) とよんでおく。古代社会では，人々は氏族に属して，氏族共同体の中で生きていた。都市の誕生とともに氏族制は衰退する。類人猿（オランウータンやゴリラ等）は家族だけで暮らすが，人類は氏族制のように社会組織を作って暮らす動物である。

氏族社会では，子どもが氏族の中で養われるため，母方居住婚の場合

> ★　豆知識　★
> 「氏」という漢字は把手のある小刀をかたどったものである。祖先の祭りの後で行われる氏族の共餐のとき，この小刀で祭りの肉を切り分けた。肉切りナイフが氏族の象徴となった。

のように，夫がその氏族に入らないときには，母の兄弟がその子を養う。子は叔父の財産を継承する。この場合，夫婦と子供を基礎とする「家族」組織（基幹家族）は氏族制度の中では，経済的な重きをなさない。

　本書では，どのような集団であれ，子どもたちが養われ，成人すれば，その財産を継承するような集団，あるいは，子どもが帰属意識を持ち，養育してもらえるのが当然であると思っている集団を，養育団とよんでおく。この定義では，氏族制社会における基幹家族は養育団ではない。氏族が養育団である。養育団の内部では，原則，市場は存在できない。

第1節　バンド，氏族，家族

　人々は生活する単位として，群れをつくる。群れは英語でバンド(band)である。狩猟採集社会の場合，人々はしばしばバンドで生活する。バンドが養育団であった。

　バンドは20〜50人ほどで構成され，離合集散が激しい。血縁はあまり関係がないが，単数または複数の基幹家族が子どもを養いながら，一つのバンドを構成する。現在も，ザイールのムブティ・ピグミーや

★　豆知識　★
　「家」という漢字は，建物の屋根の形を表すうかんむりの下で，家が犠牲として殺され，埋められた形からなる。家を建てるときに，その土地の神を鎮めるために地鎮祭を行い，供犠をささげた。

第 2 章　氏族制度

　カラハリ砂漠のサン（ブッシュマン），北米のイヌイット，オーストラリアの先住民・アボリジニ，南米アマゾンのヤノマミなどの狩猟採集民がバンドを形成している。バンドは食糧となる動植物を求めて，ある一定地域を季節に応じて，移動する。

　狩猟採集社会の人口密度は $1\,km^2$ あたり 1 人に達しない。その労働時間は平均で 3 時間であったという報告もある。女性が植物を採集し，カロリー摂取の半分以上を担う。残りのカロリーは，男性がごちそうとしての肉類を狩猟や漁労で獲得する事例が多い。狩猟採集民は 15～17 歳くらいで初潮を迎え，その頃に初めて結婚する。授乳期間がやや長めなので，出産間隔は 3～4 年ほどで，一生で 5～8 人ほどの子を産む。

　ある狩猟採集民の場合，子の 5 分の 1 は出産後 1 年で死に，成人を迎える頃までに，同じくらいの数の子どもたちが死ぬ。しかし，成人まで生き残れば，人口の 3 分の 1 ほどが還暦を迎えるという報告もある。

　定住生活が始まるためには，何らかの農耕が必要となるが，人類史上で農耕が始まったのは，1 万年ほど前であると考えられている。それ以前はバンドである。農耕・牧畜生活を始めた頃から，人々は共通の祖先をいただく形で，氏族を形成する。

第2節　古代社会の氏族

　氏族はいくつかの特徴を有している。同一氏族に属する者同士の結婚は禁じられていることが多い（外婚制）。氏族の財産は氏族が継承する。氏族成員は相互扶助，連帯責任を規範としているので，復讐するときも，協力して戦う（血の復讐）。子どもは氏族に帰属し，氏族は共通の祖先をいただく。他の氏族の成員を養子として，迎えることもできるし，その際，純粋な養子の他に，客人や奴隷として氏族に迎えることもあり，その身分差で待遇が異なる。氏族はいわゆる冠婚葬祭を全員で行う。

　氏族が大きくなると，胞族，部族，部族連合のように，何らかの形で，他の氏族と手を結んでいく。氏族の連合体が生まれて，国家の原型としての首長制が始まる。氏族の外延が拡大した。

　このような特徴をもつ氏族の多くは，その中に10～30程度の家族をかかえている。この家族は外見上，現代の単婚小家族に似ている。多くの氏族構成員が同一の区域で共同生活をしていた。成人男女が頻繁に離婚・再婚を繰り返していた社会もある。その場合でも，氏族で生きているため，子どもの養育・世話という意味では，ほぼ問題がなかった。

　ギリシア，ローマとも，都市国家の成立とともに未開社会の氏族制は崩れた。古代ギリシアにはゲノス（genos）とよばれた氏族があった。
　ゲノスは貴族からなる父系の出自集団であり，重要神官職を世襲的

第2章 氏族制度

に独占していた集団であった。ゲノスはオイコス（家）の集合体である。アッティカは理念的には30のオイコスで1ゲノス、30ゲノスで1フラトリア（胞族）、3フラトリアで1フュレー（部族）となったと説明される。アッティカは4フュレーで構成された。部族数4は季節、胞族数12は1年、氏族数30はひと月の象徴であったとも言われる。

アテナイでは、前508年にクレイステネス（生没年不詳）が血縁的部族制を地縁的部族制に変えた。彼は行政・軍事上の区分単位として、地縁に基づく10部族による新制度を採用した。部族の下に、都市の街区や村落単位で、または複数の小集落を統合する形で、デーモス（区）が配置された。アテナイ全体で139のデーモスに分かれ、そこで、市民登録や名簿管理が行われた。

同様に、古代ローマでは、ゲンス（gens）とよばれた氏族があり、10ゲンスで1クリア（胞族）、10クリアで1トリブス（部族）が形成された。ローマは3部族が集まって建国されたといわれる。

ローマ王政時代、6代目の王セルウィウス・トゥッリウス（前578〜

★ 豆知識 ★
「古代ギリシア」はポリスが成立する前8世紀からマケドニア王国の支配が確立する前338年までを意味する。

★ 豆知識 ★
アッティカはアテナイを中心とするアッティカ半島一帯を指す地域名である。面積的に、東京都区部より、やや広い地域である。

535) は都市の周囲に防壁を巡らして, 安心して暮らせるローマ作りに励んだ。彼はトリブス (地区) とケンスス (census 戸口調査) の制度を設けた。ローマの住民は4トリブスに分けられ, トリブスごとにケンススが実施された。トリブスは徴兵, 課税, 民会の単位となった。

戸口調査の実施のため, 前443年に, 監察官 (censor) が創設された。戸口調査は市民軍, 課税, 請負 (土地・森林・鉱山の貸出や徴税請負), 風紀 (素行調査) にも関係した。監察官はローマ市民の名前, 年齢, 財産額を調査した。しかし, 志願兵が増加し, 徴兵の意義が低下したため, 共和政末期に定期的な戸口調査は行われなくなった。

古代ローマの家父長権は直系卑属に対する権利であった。古代ローマは3世代同居型の男系複合大家族であるとする説と, 夫婦と子供3人からなる核家族が優勢であったという説がある。family の語源となるラテン語のファミリア (familia) は, 十二表法の定義では, 家父長権に服するすべての直系卑属および奴隷と財産を意味した。

> ★ 豆知識 ★
> 古代ローマは王政―共和政―帝政と政治形態が変化する。王政は伝説のロムルスが8世紀半ばに即位し, 以後, 前509年までに7人の国王が即位した。

> ★ 豆知識 ★
> ラテン語の家族を意味する語にはファミリアとドムス (domus) がある。ファミリアは父系出自, ドムスは父系・母系双方の出自であるとみられている。元首政期になるとドムスが頻繁に用いられるようになる。

第 2 章　氏族制度

　古代インドのアーリヤ人社会の氏族はヴィシュとよばれ，氏族が集まって部族（ジャナ）も結成された。部族の首長はラージャンとよばれ，彼らは部族内部では家畜や放牧地に関する争いを調停し，部族の外の敵と戦った。部族の司祭者は祭祀を取り仕切って，ラージャンの偉業をたたえ，気前のいい贈与を求めた。ラージャンは金銀・牛馬・女奴隷等を司祭者に送った。ラージャン，司祭者，部族民は階層として区別されるようになった。これらの区別は，アーリヤ人がガンジス川に移動した後期ヴェーダ時代（前1000～前600年頃）には，ヴァルナ（色）として，区別されるようになった。

　ヴェーダの聖典を守り，祭祀を執り行う者は，呪術的な力であるブラフマンを持つものとなった。ブラーフマナは，日本では漢訳仏典の「婆羅門」から，バラモン（祭官）とよばれている。バラモンの下にクシャトラ（権力）を持つクシャトリア（王侯，戦士）が配置され，両者が支配階層となる。一般の部族民はヴィシュから派生して，ヴァイシャ（農民，職人，商人）とよばれるようになった。その下にシュードラ（隷属民）とよばれる先住民（征服・支配された人たち）が配置された。結果として，後期ヴェーダ時代半ばには，氏族制を土台として，バラモン，クシャトリア，ヴァイシャ，シュードラの4ヴァルナからなる社会身分が成立した。これはのちのカースト制度の起源となった。

　前7世紀頃，浄・不浄の観念が発達して，排泄・血・死などに関係する行為や物が不浄視されるようになった。その結果，それらに関する職業に従事していた人が不可触民となった。不可触民はシュードラ

の下層に位置づけられていたが、やがて、その下の第5のヴァルナと見なされるようになった。ヴァルナ制は『マヌ法典』(前200頃～後200頃)で完成した。

仏教興起時代（前600～前320年頃）の初期に、北インドには16大国と称されるマハージャナパダ（大国）が割拠した。ジャナ（部族）のパダ（足場）であるジャナパダ（国）が争った。そこには、部族共和政（ガナ・サンガ制）をとる国と、王政をとる国があった。ガナやサンガは「集団」「共同体」を意味する言葉である。ブッダ（仏陀：ガウタマ＝シッダールタ：生没年不詳, 前5世紀頃の人）が出たシャーキヤ（釈迦）族の国も、ガナ・サンガ政体を採用していた。ブッダが没したころ、王政のマガダ国やコーサラ国が部族制の国々を滅ぼした。王国の中心である都城も建設されるようになった。

中国には氏族に似た宗族(そうぞく)がある。宗族の「宗」は一人の始祖から始まり、子孫につながる父系の血統を意味する。宗族を継承する嫡長子は唐律以降、家産ではなく、祖先祭祀のみ継承した。現代につながる宗族は宋代から類似の組織を確認できるが、明・清時代に確立したものである。

★ 豆知識 ★
宗族は現状では個人の父系の血統を表すものとなっている。「そう」が本音で、のちに「しゅう」が加わり、宗教関係の言葉は「しゅう」と読む。

第 2 章　氏族制度

　中国では，春秋・戦国時代に，氏族制がゆるみ，農民は家族ごとに，少人数で農作業に従事するようになった。氏族の中での家族の経済的位置づけが確かになると，それを政治権力者が把握しようとする。中国の「戸籍」制度は遅くとも前 4 世紀初頭までに導入された。戸籍によって，租税徴収や徭役強制が実現した。文字，帳簿，会計，租税，徭役，兵制などに戸籍が必要となる。

　戸籍は「戸」を把握するという意味で，家族が養育団として政治の世界で認知されたことを意味した。

　税役は戸ごとに徴収された。戸を形成する世帯には，奴婢，奴隷，部曲，客，居候等の非血縁者も含まれるのが普通である。ただし，戸は基本的に税金の徴収単位であるので，時には，複数の世帯が戸に統合されることもある。北魏（386〜534）では，30〜50 世帯を 1 戸に統合した宗主督護制が導入された。

第 3 節　氏族制の付属制度

　歴史学ではほとんど結社は扱われない。男女の性や年齢が氏族内の

> ★　豆知識　★
> 　徭役は政府によって成年男子が徴発されて行う労役のこと。労役には兵役，力役，その他の公務がある。兵役は兵士として務めること。力役は道路・水利施設・城壁・倉庫等の建設・維持の労働に従事すること。その他の公務は官庁での肉体労働，例えば，租税の運搬労働である。

役割を与える。役割が制度化すると，結社となる。結社に入るために，入社式，または，イニシエーション儀礼（加入儀礼）が行われる。男子結社や秘技的集団に加入するために，この入社式は通過儀礼の一つとして，機能した。

　加入儀礼を通過して，その結社での地位・権利・特権を獲得する。結社に一度入会すると，二度と，元には戻れない。結社の構成員は互いに相互扶助を誓いあい，平等な立場で接する。結社には氏族の正規構成員だけでなく，客や奴隷なども入会できる。この点で，結社は氏族制度のほころびともいえる。氏族に付属する組織の多くは，当初は，この形式で誕生した可能性がある。

　氏族の土地にやってくる者が客人である。客人は他の氏族に属している人である。客人にはさまざまな形式がある。中国では，家族・同族・同郷・同国以外の人や来訪者，あるいは，臨時の寄留者を客，賓，賓客と表現して，温かくもてなした。客と主人との間の礼式は五礼の中の賓礼とよばれて，重視された。

　天子は諸候を賓礼で迎えた。春秋戦国時代以降，主家に寄食する食客がふえると，賓客に対する処遇に格差が生じるようになった。強きをくじき，弱きを助ける侠客的要素も加わって，客が主人の居候や取り巻きとなった。

第 2 章　氏族制度

第 4 節　互恵性の例

　氏族制社会は互恵(ごけい)をもっとも尊ぶ。客人は氏族の互恵体系に属すが，奴隷はここから外れた。

　アンデス山脈のインカ帝国（15 世紀頃～1533）には，アイユという氏族共同体があった。アイユが生活の単位となり，クラカとよばれる首長に統括されていた。祖先は死後，アンデスの神々であるワカとなって，アイユで生きる民に生活の安寧を保証するため，彼岸（死後の世界）からさまざまな力を提供した。

　王への貢納や戦争捕虜として，アイユから恒久的に切り離された人々は，王であるインカや首長層に直属するヤナコーナ（隷属民：ヤナの複数形）となった。氏族の紐帯から切り離されている，という意味で，彼らは奴隷である。ヤナは互恵の一つである要請や要求の体系の外部にいた。インカは国民に恩寵を与えるので，反対給付として，要請や要求を求めることができた。

　アイユ成員は畑の耕作，家の建築，屋根の葺き替えなどの日常の生活労働で，共同作業に従事した。この労働はアイニとよばれた。アイユで暮らす老人，寡婦，子どもなどは，アイユ成員の世話を受けた。アイユは輪番で無償の労働を提供した。輪番の労働はインカ帝国時代には互恵体系の中にあり，ミタとよばれたが，スペイン植民地時代にミタは賦役(ふえき)となった。

　インカは征服後，すべてのものを王権の下に接収した。土地はすべ

て王のものであるが,用益(ようえき)対象としては,「王の土地」「神の土地」「民の土地」に分けられ,民衆は王の土地と神の土地で,労働する義務を負った。農作業には,インカが提供する道具や種もみが利用され,民衆が労働を提供した。

少なくとも,インカ国家成立の初期には互恵原則が働いた。インカの権威は互恵とミンカを通じて地方に及んだ。ミンカはだれかにあるものを約束して,助けを求める制度である。いわば社会資本である村の倉庫,道,橋などを作るときの労働がミンカとよばれた。ミンカには,食事や酒がふるまわれた。

インカは地方の首長をクスコに呼び集め,品物や食べ物を贈って,何日間も饗応した。インカはクラカに気前よく,女・衣料・奢侈品(とくにコカ)を与えた。大量の戦利品は互恵の絆を強めて,インカは気前よく振る舞った。

クラカとの宴会ののち,インカはクラカに要請して,倉庫を建設してもらった。翌年も同様に祝宴を開いて,倉庫に納める産物を持参させた。クスコ市の城砦や道路建設なども同様にしてクラカに要請された。クラカたちはインカの気前のよさに応じて,仕事を遂行した。

タワンティンスーユ(4つの地方=インカ帝国の自称)の規模が大きくなると,インカは歳入の増加のための事業を実施した。生産向上のため,アンデネス(段々畑)を建設し,水利事業を展開した。不毛で人口まばらな地方に労働力(ミトマク)を投入して,農牧業を興した。ミトマクは恒久的に移住させられたものであるが,ヤナと異なり,氏族を

失わなかった。神殿，宮殿，道路，タンプ（宿），倉庫などがつくられた。大勢のミトマクや行政官のため，倉庫や武器などを道路沿いに配置し，それもタンプとよばれた。

第1編　古代経済史

第3章
領域と奴隷制

　人類は公に是認（sanction）することで，社会としてのまとまりをえる。現代であれば，国家という抽象的な人格がモノに対する所有権を是認してくれるので，人々は安心して所有権を主張する。所有権は対人関係の物象化の一つのあり方である。

　氏族制と呪術信仰が強固であった時代には，首長や呪術師が祖先神の力を借りて，是認の権限を掌握した。それが解消され，徐々に皇帝や神官が神の力を借りて，法を執行するようになった。国の領域が作られ，底辺では奴隷や隷属民が主人の命令に従うようになった。

第0節　王土論

　所有権は対象物を使用・収益・処分できる権利であるが，そのようなものとして確定するのは，近代に入ってからである。中国史では，時と場合によって，有，業，主といった文字を利用して，紛争を処理した。「田主」は今でいえば田の所有者である。モノと人の関係は人々が帰属する社会で決まる。古代社会の王土論では，すべての土地は君主＝王のものである。『詩経』（小雅）で，「溥天の下，王土に非ざる莫く，率土の浜，王臣に非ざる莫し」と書かれた。

第3章　領域と奴隷制

公の土地は中国で王土と表現され，古代ローマでは公有地と表現された。王土や公有地を自分の土地として利用する人が登場して，王土は削り取られていった。中国では，王土を守ろうとする立場から，前漢の限田政策，新の井田復活策，魏・晋の占田・課田制，北魏から唐時代の均田制が試みられた。

第1節　土地制度と身分制度

氏族が土地を占有する。族長の権威が高まると，氏族の土地全体が族長の占有物のようになった。氏族が合体して，部族連合になり，連合部族が解消されて，国家や都市としてまとまると，首長が占有する土地が私有地として意識されるようになった。公有地を基礎とする古代帝国にとって，大きな問題の一つが公有地（部族や国家の土地）の私有地化であった。

実力者は人々を自分の支配下に置いて，私有地を集積した。世界的傾向として，3世紀頃から，有力者のもとで暮らす人々も公有地の割り当てを受けるという形式で，有力者による土地の剥奪を免れるようになった。人々は戸籍に登録され，国家による個別人身的支配を受け

★　豆知識　★
　儒教では五種の経典が尊重されている。易経，書経，詩経，礼記，春秋である。『詩経』は紀元前7世紀頃以前の，中国古代の儀礼のための詩歌集である。

るようになった。公有地割り当て方式による，氏族構成員の身分差別化の過程は5〜8世紀頃に顕著に見られる。中世が始まる頃には，公有地と人身支配に基づく国家の制度を各地の有力者・豪族が採用して「領主」となり，身分差別を受けた農民が領主の土地で強制労働に従事し，その収穫物を領主に収めるという形式が生まれてきた。

a. 中国の土地制度

春秋時代に邑の土地の一部が族長の管理下に置かれ，邑の構成員の生活のためにあてられ，共同耕作が行われたと推測されている。その多くは春秋時代に諸侯の田になった。共同耕作の一つとして井田制がある。井田制は『孟子』の机上プランにすぎないと見る人も多い。

井田制は「井」という漢字の字形のように，900畝の土地を9等分して，周囲の8枚の土地をその地方の住民の土地耕作に委ね，中央の1枚の土地を公田として，住民が無償で耕作し，収穫した。インカ帝国にも同様の制度が見られる。

孟子は夏の貢，殷の助，周の徹という徴税法の優劣を論じた。貢法は数年間の収穫量の平均をとり定額にして徴収する方法，助法は民の力で公田を耕し，その収穫物を税金として納める方法，徹法は収穫高

★ 豆知識 ★

周代には，6尺四方を1歩，100歩を1畝とした。秦以後は240歩が1畝。1尺は20cm前後ではないかとみられている。

第3章　領域と奴隷制

の何割かを税金として納める方法である。孟子が勧める井田制は助法である。井田制は，農地に対する課税・地租で話題となる，定額と定率の優劣に関係した。

前594年，魯の国で，「初めて畝に税」したと言われ，畝という面積単位で収穫物を納めさせたのがわかる。

秦に仕えた商鞅（？〜前338）は前350年代に「商鞅の変法」と言われるさまざまな政治改革を推し進めた。その一つに「阡陌（せんぱく）を開く」という田制改革が実施された。彼はのちに特権を奪われた貴族の恨みを買い，車裂の刑に処せられた。

阡陌は南北と東西に，縦横に走る路である。商鞅の改革で耕地は戸単位で支給され，租税も戸単位で徴収されるようになった。戸主の死後，子孫による継承が許され，田宅の売買も認められた。

秦漢帝国時代には，公田は官田ともよばれた。公田には墾田（耕地），草田（未墾地），荒廃地が含まれた。帝室直属の公田から地方の郡県所属の公田まで存在した。武帝の時代には，法令違反を犯した人の田を没収して公田とした。

★　豆知識　★
　貴族という用語は中国の史料にはない。高貴な家柄・身分を排他的に身分的特権として世襲する個人・家族を指して，中国史の研究者が利用している用語の一つである。史料では，士，士族，世族，衣冠などと記載される。

前漢後期に，牛犂（ぎゅうり）を利用した大規模農法が普及した。武帝の末年には，代田法（だいでんほう）が実施された。耕地に牛犂で長い溝（1尺の幅と深さの甽（けん））が何本も掘られて，そこに種がまかれた。苗が伸びると，畝（うね）（1尺の幅と高さ）の土を溝に落とした。毎年，甽と畝が交代した。溝に播種するだけの耕地より，数十パーセント，増収となった。

　公田の経営には奴婢，刑徒，力役（りきやく）の民を利用した直接経営を実施する場合と，仮与（か よ）（貸与）して，仮（賃貸料）をとる場合があった。武帝期までは直接経営が多かったが，その後は，貧民・流民への公田仮与や私田化政策がとられた。武帝没後は，公田仮与の場合，田租（でん そ）と同じで，収穫の30分の1が賃貸料として徴収された。

　地方では，豪族が力を強めていた。豪族は国家の租税と労役を負担する小農民の土地を奪った。前7年に限田制が布告され，爵位に応じて，田土・奴婢の所有限度が決められたが，皇帝は寵臣に広大な土地を与えた。

　三国時代，魏（220〜265）は官僚を官人で区別した。曹操は荒れた土地を公有地にして，民に割り当てる屯田制を始めた。晋（265〜420）では，屯田は280年に占田・課田法としてまとまった。課田はのちに均田制となった。

> ★　豆知識　★
> 　豪族という用語も中国の史料にはない。広大な土地を占有し，その土地で配下の者を働かせ，その地域の民に対して優越的な勢力を誇っている人たちに対して，中国史の研究者が利用している用語の一つである。

第 3 章　領域と奴隷制

　鮮卑族拓跋部の北魏は 439 年に華北を統一した。豪族は開墾や小農民の土地の併合で，大土地所有をおしすすめ，小農民の多くは流民や，豪族の奴婢となった。北魏は 485 年に，小農民に土地を割り当てる均田制を採用した。

　隋の文帝（楊堅）が 589 年，中国を統一した。文帝は律令を定め，均田制，府兵制を行い，科挙試験を開始した。それまで露田・麻田とよばれた，国家に返す（還受される）土地は口分田（くぶんでん），そして，民が世襲する桑田は永業田とよばれるようになった。口分田は 80 畝，永業田は 20 畝が割り当てられた。ただし，官僚にはその地位に応じて，60 畝〜1 万畝の永業田が割り当てられた。

　618 年，李淵（高祖）が長安を都として，唐を建国した。唐でも均田制，律令制が維持され，租・庸・調・雑徭からなる税や労役が課された。労役は兵役，歳役（中央政府のための 20 日以内の単純労働），雑徭（州県のための 40 日以内の単純労働），色役（しきえき）（末端行政事務のための特殊労働）からなっていた。

　隋唐の均田制の時代には，公田は剰田，職分田，屯田等の形式で利用された。剰田は口分田を班給した（分け与えた）残りである。剰田の一部は民に貸与された。職分田は官吏等に給され，彼らはそれを民に貸与して，地子（じし）（賃租料）を納めさせた。屯田は兵士に軍糧を供給するために利用された。公田は官僚や兵士が生活し，仕事を遂行するための現物の収入の源泉であった。

中国では，荘，あるいは，荘園という言葉は5〜6世紀頃から利用され，唐代に一般的になった。しかし，唐代までは，王室や有力者が郊外に園囿を別荘として所有していたにすぎなかった。唐代には荘の大きさが周囲数十里におよんだ。そこには主人の家屋があり，耕作者の住居も備えられ，水車も設置され，管理者を中心として，農業経営がなされていた。

b. ローマの土地制度

前3世紀前半にローマはイタリア半島を統一し，ポエニ戦争で，フェニキアの植民市カルタゴを破った。以後，ローマは征服地に総督を派遣して，属州として統治するようになった。属州の独裁的な支配や重税は人々を苦しめた。征服地は公有地に組み込まれた。

元老院議員たちは公有地を利用する形で，土地の私有化をすすめていった。公有地はしだいに私有地と化していき，そこでは多くの奴隷が商業的な生産に利用されるようになった。この私有地はラティフンディウム（単：latifundium，複：latifundia）とよばれる。ラティフンディウムは中小農民が手放した農地や公有地から形成された。

前2世紀後半，グラックス兄弟（兄：前163〜前133，弟：前153〜前121）は国防力の衰えを恐れ，大土地所有を抑えようとしたが，不成功に終わった。兄弟は一定面積以上の土地を国家に返し，土地を失った農民にそれを再分配しようとした。兄弟とその支援者の多くは抹殺され，貴族の横暴は維持された。

中国の園囲のように，古代ローマではウィラ（villa）が誕生した。当初は，都市に居住するローマの土地所有者が所領経営の中心としてかまえた農村の屋敷をウィラといった。1世紀頃から見られ，周辺に従属村落を抱えながら，中規模でも30〜100haほどの土地を経営し，次第に，その所有者が居住するようになった。

c. 西アジアの土地制度

アケメネス朝（ハカーマニシュ朝）ペルシアはダレイオス1世（ダーラヤワウ1世：在位前522〜前486）のときに，国の基礎が固められた。ダレイオスは全土を21の行政区（サトラピー）に分け，王族やペルシア人貴族をサトラップ（総督）として派遣して，治めさせた。

サトラップは行政区の軍事・民事の統治権をもち，金・銀での年間徴税額を決定し，それを国庫に納入する義務をおった。被征服地の住民の言語・宗教・法・慣習は尊重されたが，サトラップは王の代理人であり，帝国は中央集権的に編成された。ペルシア帝国の統治体制は土地所有というより，家畜の管理方式が念頭におかれている。被征服地の住民は羊の群れであり，住民の指導者は群れを率いる羊である。その羊を管理する牧夫がサトラップであり，羊の所有者が王である。

★ 豆知識 ★
アケメネス，ダレイオスはギリシア語の音である。イラン史の研究者は現地の発音にしたがって，それぞれハカーマニシュ，ダーラヤワウと表記することが多い。

正統カリフ時代（632〜661）に，アラブ人はシリア，エジプト，ササン朝を倒し，征服地の住民に対して，従来の土地所有を認めるかわりに，地租（ハラージュ）と人頭税（ジズヤ）の支払を義務づけた。ハラージュは収穫の半分，人頭税は非ムスリムから徴収した。税金は村ごとに一括して徴収された。

第2節　奴隷制

奴隷という言葉がさす範囲は広い。人権思想を標準とする現代の視角では，人身売買されるほど隷属した人たちが奴隷であるが，古代社会では，氏族の絆を奪われた者が奴隷である。

アフリカのコンゴでは，奴隷を意味する「ンレケ」(nleke) という言葉は同時に，「子ども」をさす言葉でもあった。西アフリカでは，奴隷を子どもと見ることが多い。奴隷の主人は奴隷を擬似的に「息子」「娘」とよび，奴隷も主人を「父」と慕った。

奴隷になる原因は債務，犯罪，戦争が一般的である。氏族制度の紐帯

★　豆知識　★
　英語のカリフ（caliph）はアラビア語ではハリーファといい，継承者や代理者を意味する。神の使徒であるムハンマド没後，その代理として4人のカリフが統治した時代を正統カリフ時代という。第2代カリフ以後史料上は，信者の長（アミール・アルムーミニーン）という称号が利用されるようになったが，初期イスラーム国家の最高権威者を指す言葉としてはカリフという用語が利用されるようになった。

や互恵の体系を奪われ，祖先を失い，主人に帰属する人が奴隷である。

a. 古代ギリシアの奴隷制

ヨーロッパでは，アリストテレス（前382～前322）の奴隷論がほぼ啓蒙主義の時代まで信奉されていた。アリストテレスによると，完全な家は奴隷と自由人からできていて，奴隷はオイコノミアとよばれる家政術に必要な固有の道具にすぎない。

家政術の対象である「奴隷は生命ある道具であり，道具は生命なき奴隷にほかならない」として，アリストテレスは奴隷に対して，主人の意思に絶対的に服従するもの，人間としての意思を認められないものという規定性を与えた。アリストテレスは奴隷を道具と理解する他に，奴隷を「自然による奴隷」(slave by nature) とも規定する。この側面は近代の民族的差別意識につながる。

前5～4世紀の盛期アテナイで奴隷は多めに見て10万人弱，総人口の3分の1をしめた。家内奴隷として市民に仕え，農業・手工業・鉱山などの生産労働に従事した。農工業の一般の奴隷やラウレイオン銀山で使役される鉱山奴隷のように単純な肉体労働に従事する奴隷もいたが，文書管理，貨幣鑑別，警備，銀行業，海上交易，鉱工業の差配等，かなり高度な熟練や知的訓練を必要とする分野でも奴隷が働いていた。平均的な市民は1～2人の奴隷を所有するのが普通であった。

アテナイでは，前594年にソロンの改革が行われた。この改革は身体を抵当にとって金を貸すことを禁じ，負債を帳消しにした。債務奴

隷制の廃止である。

b. 古代ローマの奴隷制

十二表法（前451〜前450年）で，奴隷は市民と区別された。十二表法には債務による拘束の規定がある。債務が履行できないとき，頭格に関する罰を受け，ティベリス川の向こうに，奴隷として売られた。債務奴隷制である。ローマでは，前326年のポエテリウス・パピリウス法でこの制度に終止符が打たれた。

奴隷はしだいに道具と見なされるようになった。奴隷は「声を出す道具」であり，半ば声を出す道具である家畜や，沈黙する道具である荷車と同等に扱われるようになった。

奴隷は法的にはモノにすぎない。奴隷は金銭で取引される財であった。法学者ウルピアヌスによると，「市民法に関しては，奴隷は人格を持たないとされる。しかし，自然法によれば，そうではない。自然法に関しては，すべての人間は平等だからである」。2世紀後半の法学者フロレンティヌスによると，奴隷（servus）は司令官が捕虜を殺すことなく，売って，その命を助けた（servare）ので，奴隷とよばれる。ローマでは，戦争捕虜だけでなく，奴隷狩り，人身売買，誘拐などで周辺世界から奴隷がもたらされた。

ローマはポエニ戦争後，征服戦争を押し進め，この過程で，多くの奴隷が補充された。奴隷は市民の家や鉱山の他，大農場（ラティフン

ディウム)で使役された。長期の従軍で農村が荒廃し,属州からの安い穀物の流入で,中小農民は没落した。

　紀元後1世紀には,ローマの平和で奴隷の入手が困難になり,大農場の経営が行き詰まった。没落農民や解放奴隷を小作人(コロヌス)とし,土地を耕作させた。大土地所有者は私兵をたくわえ,納税をこばんだ。帝国は都市の住民に重税を課して,その多くが没落した。

　コロヌスは共和政期に,自由身分の小作人であった。ある法令集によると,コロヌスは地主と5年の土地賃貸借契約を結んだ。332年のコンスタンティヌスの勅令でコロヌスの移動の自由が制限された。コロヌスには人頭税がかかり,地主がそれを支払った。コロヌスが逃亡したら,鉄鎖で縛られ,奴隷状態におかれると規定された。

　ラティフンディウムでの奴隷制経営では,ブドウやオリーブが生産され,陶器が製造され,鉱石が採掘された。ブドウ酒やオリーブ油が市場で販売され,奴隷主の商業的利益となった。

　奴隷制の展開で,中・小農民は没落し,元老院議員や騎士が奴隷を集積した。監督奴隷の下,奴隷は集団で働き,家族をもたず,奴隷小屋で寝泊まりした。娼家で働く女奴隷や,剣闘の見せ物で活躍した剣奴など,特殊な奴隷もいた。都市の奴隷は現代の労働者に似ていて,

★　豆知識　★
　青銅器時代が始まる前3千年紀の初めにオリーブとブドウが栽培され始めた。両果樹とも日当たりと水はけの良い丘陵部に適していて,穀物の生産とは競合しなかった。

執事，秘書，家庭教師，医者，料理人，給仕，乳母，仕立て人，美容師，理髪師，マッサージ師，音楽師，芸人，門番，馬丁として活躍した。奴隷が主人の身の回りの世話をしたので，主人が公共浴場（テルマエ）に奴隷を連れていかないのは恥であると思われた。

奴隷解放は推奨された。解放は主人の寛大さの目安となり，主人の威信や名声を高める手段となった。主人の生前に解放された奴隷は主人を保護者と考えた。奴隷が農場監督になると，彼は地代を払って，主人の土地を耕す小作奴隷になる。奴隷は認められた取り分をためて，主人に解放金を支払って，解放される望みがあった。人間としての奴隷の感情は十分に配慮された。

しかし，他者へのたかりを正当な権利とした奴隷所有者の価値観によると，奴隷は堕落しやすく，不正や盗みを働き，逃亡し，他の奴隷をそそのかして悪事を働く。奴隷は理性がなく，放蕩者であるので，蓄えを消尽しがちである。奴隷は好色漢であり，放浪癖があり，見せ物にうつつをぬかし，反抗的であり，精神に欠陥がある。もちろん，これらの奴隷の属性の大半は主人が奴隷を支配するための正当化の言い訳にすぎず，自分の性向を奴隷の性向として転化・対象化したにすぎない。しかし，主人は見下しによって奴隷に対する生殺与奪の権を行使した。この権利は奴隷に対してだけでなく，家族に対しても認められた。家長は強大な権力を認められていて，家族の絶対的な支配者となった。

第3章　領域と奴隷制

c. イスラームの奴隷

イスラーム教の聖典『コーラン』の第4章36節で次のように規定されている。「両親にはやさしくあれ。また近親者，孤児，貧者，血縁の隣人，血縁のない隣人，近くの仲間，旅人，そして自分の右手が所有する者にも」。右手が所有する者とは奴隷のことである。

アッバース朝時代（750〜1258）のはじめに設置された市場監督官（ムフタスィブ）は市場の公正な取引や礼拝のつとめの遵守に注意を払い，奴隷に親切にしているかどうかを監督することも義務づけられていた。

イスラーム法の規定では「生まれつきの奴隷」と「戦争捕虜による奴隷」だけが認められた。

子どもの身分は母親の身分に従う。父親が自由人で，その子どもを認知すれば，その時点で子どもは自由人になれた。解放された子どもと自由人女性の子どもは同等の権利を享受した。そのため，ベルベル人の女奴隷の息子であるマンスール（在位754〜775）はカリフの地位まで登りつめた。

★　豆知識　★
　　北アフリカの住民であるベルベル人はギリシア語のバルバロイ（野蛮人）を語源とした蔑称である。彼ら自身はリビアでは，イマジゲンと名乗った。

d. 中国古代の奴隷制

中国では，殷の時代から，刑罰奴隷，債務奴隷，戦争奴隷の存在が確認できるが，奴隷制として整備されてきたのは，おそらく春秋時代以降であり，漢代には確立していた。中国では刑罰奴隷が中心を占めていた。

足切り，鼻切り，入れ墨，去勢などの刑罰（肉刑）を受けたものは，氏族社会から追放された。アステカ帝国と同様に，殷王朝では戦争捕虜が神への生け贄にされた。伐という文字は人と戈という武器からなり，人の首を切る様を表している。甲骨文字では伐は討伐と人身御供(ひとみごくう)の意味があった。

戦争の捕虜を解放すると，再び敵となる。捕虜を養うこともできない。そのため，当初は奴隷ではなく，捕虜の人身御供が最適であった。殷墟の卜辞(ぼくじ)には，祭祀の犠牲として多くの捕虜が使用されていたことが記されている。甲骨文字では2万人の人身供犠(じんしんくぎ)が記録されている。

刑罰を受けたのち，奴隷として労役に服する制度は殷の時代にみられた。しかし，甲骨文字に記される奴隷の場合，王侯貴族の家内奴隷はいたが，農工業に携わる奴隷はみられない。

中国では，後漢の鄭玄が「今の奴婢と為るは，古の罪人なり」と注記したように，奴婢＝奴隷の中心には刑罰奴隷が置かれていた。奴婢は罪のケガレを負う存在であった。罪人だけでなく，その親族も良人身分を没収されて，奴婢となった。後漢の光武帝は3回，奴婢の殺害を

第3章　領域と奴隷制

禁止した詔令を発布した。その一つの詔令では、「人は貴いものである。奴婢を殺した者の罪を減じてはならない」と奴婢の人間性を認めた。

　古代から中世への移り変わりの中で、中国では、奴隷制にかわって、良賤制が誕生した。良賤制は日本にも導入され、律令制度の基礎を形作った。

　中国の良賤制は、北魏時代に奴良の制として整備され、北周末の577年に部曲・客女身分が創設されて、唐時代に完成した。良賤制では、良賤の区別の基準が「礼」にあり、皇帝を中心とする社会秩序を礼とみなした。良人は礼を維持し、皇帝の意向に従う人たちである。それに対して、皇帝を中心とした社会秩序に背くものは賤人であり、賤人は罪人や盗賊と同類であると考えられた。賤人は下から、奴婢（官奴婢、私奴婢）、部曲・客女、官戸、雑戸などの賤身分に区別された。

　唐の雑令で、身を役して、折酬するという意味で、役身折酬が規定された。役は使役するという意味である。折は誓約するという意味で、贖い、酬いることを約束した。役身折酬は8世紀に日本にも導入された。債権者は債務者の身体を差し押さえ、債権者の管理下で労働に従事させた。

　中国では六朝時代まで、人身担保による債務奴隷化が慣行として残存していた。唐代に債務による奴婢化が禁止され、出挙（利子をともなう財物の貸借）による債務では役身折酬だけが認められるようになった。役身折酬と同様に、典（人の質入れ）や雇（人身の雇用＝賃貸借）といっ

た法的名目が残り，事実上の債務奴隷化は存続したものと理解されている。

第4章
古代の公共建築物

第0節　公共の施設

　公共投資や財政出動という用語がある。公共の安寧に責任をもつ主体が経済を活性化するための行動の一つの方式である。社会が豊かになれば，個々人も豊かになる。古代社会の用語を使えば，オイコスの繁栄ではなく，ポリスの繁栄が個々人の生活の場を豊かにする時がある。第4章はそのような「公共」を考える。

第1節　都市の成立

a. 中国の都市

中国では，紀元前5000年以降，邑(ゆう)とよばれる聚落が生まれた。人々は洪水や外敵から身を守るため，高くて厚い土の壁をめぐらした。邑がのちの中国都市の原型となった。人々は邑に集住した。大きな邑が

★　豆知識　★
「邑」の字の，囗（くにがまえ）は都邑の外郭，巴は卩で人の跪坐(せつき・ざ)する形。城の中に人がいるという意。

小さな邑を従えて，各地に都市国家が生まれた。古代中国は邑制国家ともよばれる。

前1600年頃，黄河の中・下流域に都市国家と王が現れた。邑の中の主要なものは県とよばれる城郭都市になった。零細な邑は3世紀初めまでにほぼ消滅して，村という別の，散居制の聚落形態が生まれた。

戦国時代になると，都市は経済力を増し，なかには市を設けた都市も出現した。これらの都市は王朝の興亡に左右されないで，経済的に自立した都市となった。

3〜10世紀に中国の聚落は城郭都市と村落の二本立てになった。この状態が変化するのは宋の時代である。

b．西アジアの都市

8500年前からシリア北部では，2,000〜6,000人ほどの人口を擁した集落が生まれた。前3000年頃に，シュメール人がウル，ウルクなどの都市国家をつくった。彼らは神の代理人による支配を認め，農耕・祭りのために天文学や暦を作成し，60進法を生み出した。シュメール文明では，守護神を祭る神殿を農産物の倉庫とした。神殿の物資を計算・記録し，吉凶を占うために，文字が発明された。神殿の神官や戦士が，一般の職人・農民を統治した。都市国家の王として有名なのがギルガメシュである。ギルガメシュは前2600年頃のウルクの王であったとみられている。

前2400年頃以降，アラビア半島のセム系の諸民族がシュメール人

第4章　古代の公共建築物

を圧倒した。その中でも，バビロンを中心とした古バビロニア王国（バビロン第一王朝）がもっとも栄えた。第6代の王ハンムラビ（前1792頃～前1750頃）はメソポタミアを統一して，「目には目を，歯には歯を」として限度を明確にした損害賠償の方式と，身分差による刑罰で有名なハンムラビ法典を布告した。ここには，農業・土地・商業，婚姻などの法が記載された。

c. エジプトの都市

古代エジプト・ナイル川下流域には，エジプト全土で40あまりの小国家（ノモス）がつくられ，前3000年ころ，メンフィスを都とする統一国家が生まれた。古代エジプトでは，ファラオとよばれる王が神権政治を行った。全土は王の土地とされ，神官・官僚は王につかえ，治水・灌漑・開墾・商業・鉱業は王が統制した。

ノモスはギリシア語である。エジプトではセパトとよばれた。セパトは古王国時代に中央集権的に整備され，溜池灌漑の幹線水路を中心として，灌漑単位に対応していた。セパトは自立した経済単位であり，州都には守護神も置かれた。長官は中央から派遣されるのが建て前であったが，事実上，地方豪族が世襲することが多かった。

d. インドの都市

古代インドでは，前2300年頃からモヘンジョ・ダロやハラッパーなどの都市文明が興った。この都市文明はインダス川流域で発見され

たので，インダス文明とよばれた。この地域では，前 6000 年以降，穀物の栽培や家畜の飼育がみられ，前 3000 年以降，印章や上質の土器なども利用された。

人口が 3〜4 万人ほどのモヘンジョ・ダロは，防衛施設，大浴場，穀物倉庫，集会所などの，公共の建物が存在した。整然とした道路にそって，レンガづくりの家が配置され，一般の家には給水・排水の施設が備わっていた。道路わきの排水溝，作業場，井戸などもみられた。それらは規格が統一された焼きレンガが使用され，計画的に作られた都市であった。

インダス文明は前 1800 年頃から衰退し始め，牧畜の民であるアーリヤ人がこの地域に進出した前 1500 年頃には，都市文明はすでに滅んでいた。文明の滅亡の原因には諸説ある。前期ヴェーダ時代（前 1500〜前 1000 年頃）のアーリヤ人は口承伝承の結果を『リグ・ヴェーダ』に残した。彼らは農耕に従事する先住民（ドラヴィダ系？）の多くを支配下に置いた。先住民はプルとよばれる城塞，あるいは，壁で囲まれた町に立てこもって戦ったが，軍神インドラが制圧した。前 1000 年頃，アーリヤ人はガンジス川流域に進出した。都市国家が成立し，王の力が強まって，軍事や政治の実権を握った。

> ★ 豆知識 ★
> インダス川流域の文明を古代インドの文明と表現したが，現代の国家名としては，その大半の地域は，インドではなく，パキスタン・イスラム共和国に属する。

仏教興起時代に，ガンジス中・下流域ではナガラ，プラとよばれる都市が発達した。バラモン教の一部は都市の生活を蔑視し，商業・金融業を低級な職業と見なしたが，仏教は利潤を正当に評価し，商人から経済的援助を受けた。都市は城壁と堀によって，方形に建造された。

e．ギリシアの都市

北方から南下したギリシア（アカイア）人は前14～13世紀に，エーゲ海西方のミケーネやティリンスに王国をたてた。王は石づくりの堅固な城に住み，人々は農耕・牧畜を行い，貿易に従事した。前1200年頃，ドーリア人も南下してきて，ギリシア人の世界が誕生した。ギリシア人は王のもとに村落をつくり，被征服民を奴隷として，みずからも農牧業を営んだ。

前8世紀頃からギリシア人はポリスを建設するとともに，黒海沿岸やイタリア半島南部，シチリア島東岸に植民市を建設した。植民活動を積極的に実行したポリスや植民市がまずは都市化を達成した。もっとも有名な植民市が黒海の出口に位置する現インスタンブルである。

トルコのイスタンブルは前660年頃にビュザンティオン（ラテン語名：ビザンティウム）として建設された。紀元後330年にローマ皇帝コンスタンティヌスがローマからここに遷都した。皇帝自身は「新ローマ」とよぼうとしたが，コンスタンティノープル（Constantinopolis：コンスタンティヌスのポリス）とよばれるようになった。いつの頃から

か，コンスタンティノープルは「ブールに（お町に）」という意味のギリシア語（イス・ティム・ボリン）でよばれるようになった。歴史学では，1453年にオスマン帝国に占領されたときから，イスタンブルと表記して，都市名を区別するようになった。

第2節　公共事業

a. エジプトのピラミッド

エジプトの王はファラオとよばれた。ファラオは前2600年頃にピラミッドを盛んにつくった。カイロから南西12 km，ナイル川西岸のギゼーに3大ピラミッドがある。なかでも最大のものがクフ王のピラミッドで，高さが約144 m。平均して2.5トンの巨大な切り石を230万個も積み上げた。

b. 中国の万里の長城と大運河

秦の始皇帝は匈奴の侵入をはばむため，北方に万里の長城を建設した。現在残る長城の多くは明の時代に建築されたものである。匈奴は長城を越えて，侵入した。略奪したのは，財宝ではなく，人と家畜であった。乳製品を好んだ匈奴であるが，農民を連行して，鉄器・土器の生産や農耕に従事させた。匈奴は騎馬のためフェルトや革の衣服を好んだ。中国から得た絹織物は西アジアやローマに輸出された。

前2世紀には，漢と匈奴の間で友好と侵寇が繰り返された。国境の

第4章　古代の公共建築物

関所の近くで，民間の関市（かんし）が設けられた。関市では和親条約に基づいた贈り物が交わされ，北の馬と南の絹が交易された。

武帝（在位前141～前87）は匈奴に対する軍事行動で，国家財政を破綻させた。そのために，塩と鉄の専売制が始まり，均輸法，平準法が施行された。

隋の煬帝（在位604～618）は大運河を建設した。これは，北は天津から南は杭州まで，延長1,800 kmもあり，物資の豊かな江南と，政治・軍事の中心地である華北を結んだ。

洪水に対処するための治水や，渇水を避けるための灌漑は大規模に行われるため，政治力・経済力が必要になる。中国では，鉄器の利用が始まった戦国時代から，人間の力による治水・灌漑が始まった。鉄製工具で堤防を築いて，洪水に備えた。水路を開削して，灌漑を行った。漢代はこの事業を引き継いだが，その後，しばらく途絶えてしまった。

c. 西アジアのカナートと運河

イランではカナート灌漑が発展した。カナートは地下に作られた水路である。砂漠に地下水路が掘られた。

> ★　豆知識　★
>
> 長江流域とその南側を江南とよぶ。華北は山東，山西，河南，河北を中心とする黄河下流域をさす。華北を中原とよぶこともあるが，本来は，黄河中流域の中国文化の発祥地が中原である。

ハンムラビ法典の 53 条〜56 条に灌漑に関する規定がある。灌漑には多くの労力を必要としたので，設備の建設・維持責任も明確にされた。支線水路は沿線の土地所有者が水路の浚渫と堤防の保守の責任を負った。幹線水路は王が管轄した。王は首都に「灌漑施設局」を置き，視察官を各地に派遣した。特別に大規模な作業が必要なときには，責任者が労働者を雇用し，賃金をオオムギで支払った。この費用は沿線の土地所有者が運河沿いに占める間口に応じて負担した。

スエズ地峡では，エジプト第 26 王朝第 2 代国王ネカウ 2 世（前 609 〜前 598）がつくった運河によって，ナイル川と紅海が結ばれた。この運河は完成されなかったとも言われる。

d. ローマの公共事業

古代ローマでも長城（Limes）が建設された。ハドリアヌス帝がイングランド北部でケルト人の侵入を防ぐために建設した長城は高さ約 5 m，総延長約 118 km であった。ローマの長城はドナウ川からライン川まで約 500 km を超えた。

道路，水道等の基本的なインフラ設備や，市民の娯楽になる円形闘技場，劇場等は，貴族が私費を投じて整備した。公共事業は元老院で審議にかけて，許可を得る必要があった。建造物にはそれを作った人物の名前が記録された。アッピウスが作った街道はアッピア街道とよばれた。

道路や建築物は造営官が保守・点検・補修した。大きな街には警察

隊もいて，治安の維持も実施された。このような公共事業や，公務員の人件費は貴族が個人的に負担した。

ローマの平和のもとで，ローマでは4世紀はじめまでに11の公共浴場がつくられ，市民は安い料金でこれを利用できた。3世紀につくられたカラカラ帝の大浴場は外壁が幅337 m（浴場の長さ225 m），奥行き328 m（浴場の幅185 m），総面積11万m^2の敷地に，熱浴室，温浴室，冷浴室などの浴場施設のほか，図書館，運動場，競技場があり，総合的な娯楽センターとして機能した。

ローマでは多数の水道橋が建設された。前19年頃に作られた，フランス南部のニームに至る全長50 kmの水道橋が有名である。現在，その一部のポン・デュ・ガールが世界遺産となっている。

ギリシア・ローマ型の都市は西アジアにも建設された。シリアのパルミュラは都市の入り口に凱旋門が置かれ，その後ろに，道の両側に円柱が並んだコロナードが続いた。

第3節　古代の交通

古代国家が建設されると，国の隅々まで軍隊を派遣したり，情報を収集したりするために，大規模な道路が建設されるようになった。

歴史学・考古学では，実際に建設された道の他に，商品が流通した経路という意味で，道という言葉を使うことも多い。

a. 日本の古代ヒスイロード

ヒスイは縄文時代中期から装飾品として珍重されてきた。翡翠(ひすい)は本来，鳥のカワセミのことであるが，翠緑色(すいりょく)の装飾品は玉(ぎょく)と表現された。

ヒスイ原石の産地は主に新潟県の姫川の支流にあった。しかし，ヒスイ製の装飾品は北海道から熊本まで出土している。

b. 琥珀の道

日本では岩手県久慈市が琥珀の産地として有名であるが，ヨーロッパでは琥珀がバルト海南岸から地中海に運ばれた琥珀の道が有名である。琥珀はギリシア語でエレクトロン（electron＝「太陽の石」）と表現され，電気を通しやすいので，電気（electricity）の語源となった。

琥珀に対して，地中海側の交易商人はイベリア半島の錫製の杯，エトルリアの金属細工や装飾品，ギリシアの貨幣を北方に運んでいった。

c. 道の舗装（最古の舗装技術）

紀元前約2000年，ミノア文明期のクレタ島では，幅約4mの道が石で舗装され，道の両側に石をくりぬいた排水溝が設置された。道路面の下は，土地を約20cm掘り下げ，ならして，道路の床面を作った。その上に，10cmほどの粗い砕石(さいせき)を敷き，石膏(せっこう)モルタルで固め，厚さ約6cmのロームを混ぜたモルタル層をクッションとして置き，その上に玄武岩(げんぶがん)や石灰岩(せっかいがん)の舗装板が敷かれた。

第 4 章　古代の公共建築物

d. 王の道

　西アジアの王の道は前 22 世紀末頃，ウル第 3 王朝から始まったとみられている。主要な道路が「王の道」として整備された。アッシリア帝国の道は前 8 世紀半ばに建設された，都市と都市を結ぶ幹線道路で，30 km～50 km ごとに宿駅を設置し，主要な都市とその周辺には石を敷いた本格的なものとなった。

　アケメネス朝ペルシアのダレイオス 1 世は多くの道路をつくり，駅伝制を整え，貨幣や文字を統一した。首都スーサから小アジアのサルディスまで，約 2,400 km の道が整備された。街道上に王室公認の宿場や宿泊所があった。111 カ所の宿泊所は 20～25 km 間隔で設けられ，サルディスからスーサまで歩いて 3 カ月の行程であった。

　公用旅行者や王族は高官や王が発行する旅券（押印文書）を携帯し，宿舎や食糧・馬糧の無償便宜を受けた。王の騎馬急使と馬が宿場ごとに配置され，リレー方式で書状が目的地まで届けられた。書状はスーサからサルディスまで全行程を 1 週間ほどで到着した。通信の迅速性と軍隊行進の速度を第 1 に考えた道路であった。王の道から大都市へは支道で連絡した。王室所有の公用馬の維持・管理は主にムドゥンラとよばれる職能集団が担った。彼らは各地に配置され，馬の補充にあたり，王族の巡行に同伴し，高官の使者となった。ムドゥンラは労働の報酬として王室から食糧支給を受けた。

　アッバース朝の時代，バグダードを建設したカリフ，マンスールは駅伝制度（バリード）の維持と向上に力を注いだ。各地の駅逓長に毎日

報告書を出させた。数十キロごとに駅舎を置き，930 の駅があった。あまりにも帝国各地の情勢に詳しいため，「カリフは魔法の鏡を持っている」とおそれられた。

インカ帝国は，1520 年頃に最大版図に達した。ワリ文化時代（6 世紀末〜900 年頃）に建設が始まった各地の道路を連結・整備して，インカ道（カパック・ニャン）が作られた。この道を通って，軍隊が動員され，ミトマクが移動し，国家の畑の生産物が倉庫に運搬された。

インカ道は 2 本の幹線道路からなる。一つは王の道である。これはアンデス山地を通り，延長約 5,200 km，道幅約 5〜6 m であった。もう一つは，海岸線に沿って走る道で，延長約 4,000 km，道幅約 8 m であった。インカの王の道は支道や連絡道を加えると，総延長は 2 万〜3 万 km に及んだ。道には 1 トポ（約 7.25 km）ごとに里程標が立てられた。

インカ道は王のためのものであり，人民は利用できなかった。人口の多い地方では，道路の両側に高さ 1 m を超える壁が続いていた。インカ道の建設・維持は，沿道の村にミタとして課せられた。主要な街道の沿線には，タンプとよばれる宿場が設けられた。タンプは 1 日行程の距離ごとに用意された。行政官や飛脚（チャスキ）などの公用旅行者はタンプに泊まり，食料や衣料などを支給された。タンプの倉庫は軍隊の食料や必需品を補給する役目も担った。

タンプには飛脚が待機していて，伝言と数字を編み込んだ結縄（けつじょう）（キー

第4章 古代の公共建築物

プ=quipu）を伝達した。飛脚はミタで近隣の村から派遣された若者が15日交代で勤務した。飛脚による通信伝達速度は1日に280 kmを超えることがあった。

中国では西周の時代（前11〜前8世紀）には，水工・土木を司る司空(しくう)が道路の維持補修の仕事も統括した。道路に並木を植え，道を修理する者たちの休憩所を約4 kmおきに設けた。この道路の維持管理は諸国でも踏襲された。

秦の始皇帝は首都咸陽から全国へのびる馳道(ちどう)を建設した。馳道は幅約67 m（50歩），約7 mおきに植樹された。中央の幅約7 mの部分は一段と高く築かれた。この中央部分は皇帝だけのもので，横断も指定の場所以外は禁止され，皇帝の使者や役人は両側の幅約30 mずつの側道を通った。馳道の総延長は約7,500 kmであり，馳道から分岐して，主要都市に接続する幹線道路は約4,900 kmもあった。

All roads lead to Rome（すべての道はローマに通ず）という諺がある。ラ・フォンテーヌ（1621〜1695）『寓話』「裁判官と病院長と隠者」の最初の4行で出てくる成句であるが，それ以前から存在した諺であろう。

古代ローマの石で舗装された道路網は，ディオクレティアヌス帝（284〜305）の時代に主要幹線372本，総延長86,000 kmであったと推計されている。ローマが最大版図を誇ったトラヤヌス帝（98〜117）の時代には，国土面積720万 km^2，道路網は約29万 kmと言われる。

ローマの道は紀元前312年にアッピア街道建設から始まった。アッピア街道の建設から約100年後，第二次ポエニ戦争（前218～前201）の頃，ローマに公共事業請負会社が出現した。道路工事，水道工事，公共建築工事などを請け負ったものと推量される。公共事業請負会社を経営したのは騎士階層である。彼らは軍隊への食料や衣服の供給，さらには前2世紀に，属州での徴税も請け負うようになった。

公共事業請負会社はのちに徴税に特化するようになり，属州での道路建設は次第にローマ軍の手に移るようになった。ローマの将軍たちは戦争のない時期に，兵士たちにスコップを持たせて，道，城塞，水道，運河，橋を建設させた。

第4節　政府事業

a. 中国の専売制

漢の武帝は連年の外征や土木事業によって，財政が窮迫したため，塩と鉄を専売制にした。塩は生産，運搬，販売がすべて官によって営まれた。塩や鉄を産する郡ごとに，塩官・鉄官を設置し，官が独占的に管理した。実務はそれまでの生産者や商人が請け負った。鉄鉱山や製鉄工房には卒徒工匠が配置された。卒は郡県民で，徭役として働いた。徒は懲役刑（強制労働刑）を科せられた囚人である。工匠は精錬，鋳造，鍛造の専門家である。

塩官や鉄官の下に集められた生産物は県ごとに置かれた市（官設市

場）で官吏が販売した。専売制で、国庫は安定したが、塩の価格高騰や質の低下が問題となった。批判が強いため、武帝の死後、廃止されたこともあったが、前漢末まで専売制度は維持された。

その後、唐代まで、収税法（塩の生産者に課税する方法）が採用された。しかし、安史の乱で財政が窮迫すると、塩の専売が再開された。ただし、官僚が小売りするのではなく、商人に塩を売ったあとは、商人の活動に任せ、自由に運搬・販売させた。

武帝は財政改革のため、専売制度のほかに、桑弘羊（前152〜前80）の立案による均輸・平準法を実施した。均輸は輸送改革、平準は物価調整を意味する。均輸法は前115年から部分的に、前110年から平準法とともに全面的に実施された。

b. ローマの徴税制度

ローマ帝政期には財産の額で身分が示された。元老院貴族は100万セステルティウス以上、徴税を請け負った騎士身分は40万セステルティウス以上、それ以下は平民とされた。帝政期のローマの人口は約6,000万人、属州は50州、常備軍が40万人、公務員は約1万人。ローマの財政の7割は国防費であり、租税の多くは属州から徴収された。

属州に派遣された貴族は、自分の費用で人を雇い、属州を統治した。共和政後期には、この庇護関係はパトロヌスとクリエンテスとよばれた。クリエンテスは、パトロヌスが中央にいた時からの従者であることもあり、現地で雇い入れた従者であることもあった。

第1編　古代経済史

第5章
硬貨の誕生

第0節　貨幣とは

　貨幣にはさまざまな機能がある。マクロ経済学では貨幣の機能として、価値貯蔵手段、計算単位、交換手段が取り上げられることが多い。そして、貨幣誕生の論理的因果関係も解かれるが、因果関係は歴史的順序としばしば逆転する。

　経済学理論では、貨幣のない世界で、2人の人間が互いに相手の欲しいモノをもっているという稀な偶然、「欲求の二重の一致」が指摘される。互いに欲しいものがなくて、物々交換ができないので、貨幣が生まれる、と。しかし、古代社会や未開社会では、通常、自分の欲しいものが市場にあるのは、わかっている。欲求はたいてい一致する。それでも貨幣は必要であった。貨幣が多用されるようになったとき、多用な商品を交換できるようになり、欲求が稀にしか一致しなくなった。理論の中で、歴史的原因と結果が逆転する。

　貨幣とは何か。貨幣の機能には富の蓄蔵手段、価値貯蔵手段がある。誰もが重要であると認める富や価値は社会によって異なる。交換できる富はオオムギ（西アジア）、牛（牧畜民）、米（江戸時代）、塩（西アフリカ）など、それぞれの地域の状況や時代によって異なる。その意味で、

第5章　硬貨の誕生

文字や言葉が思考の象徴的実体であるように，貨幣は価値の象徴的実体であり，その地域の人々がその価値を認めれば，それで通用する。

貨幣は価値を計算する手段でもある。計算手段であるので，合算も可能である。江戸時代の慣習では，1枚の銅貨を1文と数え，97枚の銅貨を1つなぎにすると100文として数えた。これを「早起きは3文の得」と理解する説もある。この慣行は省銭(しょうせん)や省陌(せいはく)などとよばれた。

モノとモノを交換するときに，直接的ではなく，貨幣を仲立ちとして間接的に，モノを交換する。そのとき，貨幣は交換手段であると理解される。

貨幣には価値尺度や支払い手段としての機能もある。他者とのかかわりで，責任が生じる。責任を果たせなかった負債は，贈与や投獄あるいは貨幣によって，支払いがなされる。

貨幣に認められる機能が以上のものとすれば，貨幣はハンムラビ法典の時代には日常的に利用されていた。この法典には，損害の賠償方法として銀での支払いが頻繁に出てくる。

第1節　硬貨以前の交換手段

歴史上さまざまなモノが貨幣として利用された。貝，石，角，牙，布，皮革，塩，豆，米，牛など，特定の素材が価値を抽象化するために用いられた。

前4世紀以前のギリシアやローマでは，牛も貨幣として機能した。

女1人=牛4頭と交換された。金銭を意味するラテン語のpecuniaはpecu（家畜）を語源とした。メキシコのアステカ帝国では，カカオ豆が貨幣の役割を果たしていた。スペインによる占領ののちも，スペイン人によってもカカオが貨幣として認められていた。

人々は時には，支払手段，価値尺度（計算手段），価値蓄蔵，交換手段として，それぞれ別個の貨幣を用いた。価値の抽象化には，歴史的経験が必要であった。

家畜（牛や山羊）が貨幣として利用された東アフリカでは，それは価値の蓄積手段でもあり，婚資，宗教的犠牲といった支払い手段でもあった。西アフリカのダホメでは，内部の市場では，タカラガイが用いられた。タカラガイは首飾りや腕輪としても用いられた。巻貝の仲間であるタカラガイは世界に230種ほど確認されている。ハナビラダカラ(Cypraea annulus)やキイロダカラ(Cypraea moneta)が貨幣として用いられた。この種のタカラガイはほぼ，房総半島から南でオーストラリア北岸より北の太平洋，マダガスカル島より北のインド洋に生息する。タカラガイには大きくて綺麗な貝もあるが，貨幣用のタカラガイは1〜3cmほどの，小さくて，白っぽい貝である。

第2節　硬貨の利用

いつの頃か，各地で刀剣，腕輪，農具など，さまざまな形の金属貨幣が生まれた。これらの硬貨は租税の支払いや財政支出といった国家

第5章　硬貨の誕生

の必要を円滑に補足するために生まれた。素材としては，青銅・真鍮・鉄・銅の他，世界の多くの地方で，金や銀が貨幣として用いられてきた。金・銀・銅などの貨幣は2000年以上にわたって，貨幣として理解された。金・銀はそれ自体に価値がある商品である。実際には，額面で流通したが，その価値自体で流通すべきだと考えられた。

a. 最古の硬貨

金属製の貨幣を硬貨という。鋳型に流しこんで，製造された硬貨は鋳貨とよばれる。鋳造と異なり，柔らかい金属を打ちつけて，形を整えた硬貨もある。これを打刻印貨とよべば，硬貨は打刻印貨から始まる。

前7〜前6世紀頃，アナトリア半島にリディア王国があった。ヘロドトスらの伝えるところでは，硬貨を発明したのはリディアのギュゲス王（在位，前685〜前657年）である。ギュゲスは前670年頃に，金73％，銀27％ほどの天然合金であるエレクトラム製の硬貨を作製した。リディア王国は東西貿易の中継地として栄え，宿駅が整備されていた。ギュゲスはデルフォイのアポロ神殿などの聖地に多額の奉納をした。ギュゲスのエレクトラム貨は卵型の平板で，14.5ｇの重量があり，リディアの神であるキツネの絵が打ちこまれていた。硬貨は傭兵の賃金の支払い，公共事業の支出，税金の徴収などに利用された。

金貨が大量に製造されたのは，クロイソス王（在位，前560〜前546）の時代であった。前550年頃に製造されたこの硬貨が史上初の金貨で

ある。スタテル貨とよばれるこの金貨は 8.4 g 弱で，その品位は約 98％，ほぼ純金であった。そこには，ライオンと牡牛が向かい合った形で描かれる王家の紋章が刻印されていた。古代ギリシアの貨幣の図柄は神々，動物，植物などが好まれた。

b. 古代ギリシアの硬貨

硬貨は，前 7 世紀末には，リディア王国に隣接するイオニアのギリシア都市に広がり，前 6 世紀前半には，エーゲ海やギリシア本土の諸都市でも，貴金属貨幣（主に銀貨）の製造と使用が開始された。

各ポリスが独自の通貨を発行したため，トラペザとよばれる両替業が出現した。トラペザは，元来，4 脚の机を意味したギリシア語で，硬貨の両替がトラペザの上で行われたので，両替業も意味するようになった。

両替商は貨幣・貴金属製品・文書の保管，商取引の仲介（証人，保証人），委託された預金を用いた利子付きの貸付も行った。両替商は偽金や粗悪な貨幣を見分け，金銀の含有量を鑑定する技術を会得していた。

アテナイでトラペザに言及した史料が現れるのは，前 5 世紀半ばであり，トラペザが銀行も意味するようになるのは，前 4 世紀はじめからである。この頃の銀行家の大半が奴隷出身であり，市民は少なかった。

アテナイで銀行が出現した理由として，海上貿易の発展が想定されている。前 476 年に結成されたデロス同盟の盟主として，アテナイは強大な軍事力を背景に，海上貿易を活性化した。この頃，アテナイで

は，必要な穀物の半ば以上を輸入し，その対価として，オリーブ油，ブドウ酒，陶器，ラウレイオン産の銀の地金や銀貨を輸出した。当時，海上貿易では，アッティカの銀貨，キュジコスのエレクトラム貨，ペルシアのダリク金貨が利用されていた。

アテナイの貨幣は，表に女神アテナの横顔，裏側に，この女神の聖鳥であるフクロウが描かれていた。デロス同盟加盟諸ポリスは軍船と兵員の提供か，貢租の納入のどちらかを選択した。キオス，レスボス，サモスは前者を，その他のポリスは後者を選んだ。

アテナイはアクロポリス等の整備にデロス同盟の資金を用いた。ポリスは市民に奉仕を求め，市民にはその対価として気前よく硬貨が贈与された（報酬の支払い）。市民はポリスに対して，忠誠の印として，硬貨を贈与した（税金の支払い）。

c. ローマの金貨

ローマで貨幣鋳造が始まったのは前289年頃とみられている。ローマのカピトリウムの丘の上にあるユノ・モネタの神殿の中に鋳造所が設立された。最初の本格的な鋳貨は1ポンドの重さのアス（青銅貨幣）であった。ユノはローマの最高位の女神で，女性の結婚生活をつかさどった。モネタは忠告者という意味で，moneyの語源となった。

最初の金貨は前3世紀末頃に発行されたが，古代ローマで金貨が利用されるようになったのはカエサル（前100頃～前44）の時代である。このアウレウス金貨は貿易の対価として輸出された。ローマは輸

入超過で，アウレウス金貨の流通量は縮小し，ネロ帝（在位 54～68 年）以降，財政赤字のため貶貨され続けた。

アウグストゥス（在位，前 27～後 14）時代に，1 アウレウス金貨は 25 デナリウス銀貨と，1 デナリウス銀貨は 4 セステルティウス黄銅貨と等価であった。当時，金 1 ポンド（327.45 g）からアウレウス金貨 40 枚，銀 1 ポンドからデナリウス銀貨 84 枚が鋳造された。これはネロ帝時代に変更され，金 1 ポンドからアウレウス金貨 45 枚，銀 1 ポンドからデナリウス銀貨 96 枚が鋳造された。この貨幣制度は 200 年以上続いた。金銀比価は約 11.7 である。

309 年，コンスタンティヌス帝（在位 306～337）が貨幣制度の改革を行い，アウレウス金貨にかえて，ソリドス金貨を発行した。金 1 ポンドで 72 枚の金貨を造幣し，これをソリドス金貨とした。ソリドスは以後，1000 年以上，西洋世界で流通した。

ローマの征服地では，駐屯軍や行政官，軍・民間の建築工事が貨幣を必要とした。農民は余剰生産物を市場で換金して，税を支払い，兵士は国から受け取った賃金で，その商品を購入した。

帝位争いのため，税として徴収されたデナリウス銀貨は溶かされて，純度の低い新鋳貨となり，軍隊の維持や行政官への支払いに利用された。品位の低下で，デナリウス銀貨の購買力は低下し，物価が高騰した。旧デナリウス銀貨の所有者はそれを退蔵したり，溶かしたりした。ローマの貨幣鋳造は 402 年頃に終了した。

第5章　硬貨の誕生

ローマでは，貸付は高利の質屋業に過ぎなかった。「富」は畑，家，家畜，奴隷，動産，現金など，実体をもったものであった。貸し方は手元にある現金に束縛され，信用は創造されなかった。公債は存在しなかった。戦争が生じたら，信用による借金ではなく，異常な課税と通貨の品位低下に頼り，ローマ帝国は負債を負うことなく破産した。

d. 中国の硬貨

貨は貝が化けたと書く。貧，賤，貴，買，賣，貸，貯，貢，賞，賜などの価値を表す漢字に「貝」という文字が含まれる。戦国時代以前は「買」という字を「うる」とも，「かう」ともよんだ。それに対して，賣（売）は贈与交換や「あがない」「賠償の支払い」を意味した。歴史的には，贖いという行為が生まれ，その次に，買うという字が多用されるようになり，最後に売るが派生した。

中国では貝の他，羊，布（麻織物），帛（絹織物），亀甲などが交換の媒介となった。貝貨の単位は朋である。殷の甲骨文字では，貨幣は朋と書き，孔をあけた貝（タカラガイ）に縄を通したものを象った。中国では，広東や台湾などの沿海地帯でタカラガイを獲得できた。

中原では，玉石，獣骨，陶土で模造した玉貝，骨貝，陶貝などがタカラガイの代用として流通した。冶金術の進歩で，銅を用いたタカラガイの模倣品である銅貝も鋳造された。銅貝は堅固で，耐久性があり，磨耗しにくく，溶解・分割が容易であるので，天然の貝にとってかわるようになった。

春秋中期に布銭が現れた。青銅貨幣である布銭は山西や河南から多く出土する。次に，山東や河北で小刀を模した刀銭が現れた。戦国時代が始まるまでに，蟻の形をした，蟻鼻銭が楚で流通するようになった。これは落花生ほどの大きさの銅銭である。楚には，金貨もあった。金貨の出現は戦国時代で，宮廷や富豪の恩賞，宝物，支払い手段として利用された。

布銭の布は布ではなく，草をかりとる農具である鎛または鏟（銑）が本来の意味である。鎛は鋤に似た金属製の農具であり，黄河流域の農村では鎛が広く使用されていた。

貨幣には都市名が鋳込まれることが多く，都市が貨幣を発行した。都市に拠点を置く商人の保証の下に流通したと考えられている。ただし，三晋（韓，魏，趙）以外の，その周辺地域（斉・燕・秦等）では，国都以外の都市は小さくて，国の君主が発行した統一貨幣が中心になった。

これらの青銅貨幣の用途は市場で貨幣として用いるのではなく，主に軍事目的で利用され，しばしば多種類の貨幣が甕に入れられて，退蔵された。

秦の始皇帝（前221～前210）は半両銭を発行した。半両銭は始皇帝以前の前330年代頃には発行され始め，漢の武帝（前141～前87）が五銖銭をつくる直前まで流通した。五銖銭は前118年頃から740年間，用いられた長寿銭であった。

第5章　硬貨の誕生

　史料に現れる，貨幣発行という意味の「行」の字は国が認めて，流通させる意であると理解されている。流通の範囲は国の中に限り，その境界（当時は徼とよばれた）の外に銭を持ち出すことは，通銭とよばれ，犯罪と理解された。秦では，通銭の罪を犯すと，刺青刑を科せられた。これは，面貌を変えて，共同体からの排除を目的とした刑罰である。

　両や銖は重さの単位である。1両＝24銖≒15.6gである。計算上は，半両は12銖，7.8gほどであるが，実物は3gから8gほどの鋳造貨幣である。その材質は青銅であり，銅が80％，錫が20％くらいの合金である。銭は紐で貫いて，千銭ごとに「貫」を作った。漢の劉邦（在位，前202〜前195）は「秦の半両銭は重くて用いがたい」として，銭の民間での鋳造を許可したと記録されている。市場は，現在でも1円単位で安い商品を求めるように，小銭が行き交うのを常とする。

　始皇帝は貨幣を上幣と下幣に分けた。上幣は黄金で，単位は鎰，重さが20両の地金であった。これは帝王の恩賞用と，貴族間の贈答用として用いられた。鎰は約250gであった。漢になると，鎰は斤に改名され，1斤＝16両＝384銖となった。

　下幣の単位は半両，民間交易に使用された。これに半両の文字を鋳込んで，重量を示したが，実際には一定せず，『史記』平準書では，「軽重常なし」と記された。布帛も規格が設けられ，市場で用いられたが，納税や罰金の徴収には半両銭が便利であった。国家官僚の給与，兵士

に対する報奨金，おそらくは，公共事業の支払い等も，すべて半両銭で賄った。

　貨幣は市場の要望で流通したのではない。税の納入を銅銭に限定したので，統一通貨が市場に浸透した。市場では，一定規格の布帛と銅銭の交換レートが定められていた。銅銭は複数の交換手段の一つにすぎず，納税や官吏への俸給など，王朝の財政に関する支払いに用いられたため流通した。『漢書』食貨志下に，「そもそも貨とは，金・銭・布帛の用途のことである」と記されている。

　唐の高祖は621年に開元通宝を鋳造した。これは方孔銭である。開元通宝以後は，通宝，重宝の前に年号がつくようになった。開元通宝の4字は唐代の欧陽詢の筆になると伝えられ，以後，中国の貨幣の書体は小篆体から隷書体へ移行した。日本銀行券に記載されている文字の書体も隷書体である。

e．西アジア

　前547年にリディアを征服したアケメネス朝ペルシアはこの地方の貨幣鋳造を継承した。ダレイオス1世は帝国の正貨として，ダリク金貨とシグロス銀貨を発行した。金貨は純度98％，銀貨は90％以上であり，1ダリク＝20シグロスで換算された。金貨鋳造は王の独占であったが，銀貨はサトラップも鋳造できた。帝国通貨は純度が高かったので，流通市場に出回るより，退蔵されることのほうが多かった。アケ

第5章　硬貨の誕生

メネス朝の後半期には帝国通貨はギリシア人傭兵の給料の支払いや，諸ポリスの軍事資金の援助のために多用された。

　アラブ・イスラーム教徒は当初，ビザンツ帝国の金貨やササン朝の銀貨を利用していた。ウマイヤ朝時代にアラビア語が公用語となり，独自の金貨や銀貨が発行されて，貨幣の統一も進んだ。ウマイヤ朝の第5代カリフ，アブドゥル・マリク（685〜705）は696年に偶像否定のイスラーム教に従い，カリフの肖像を入れないで，アラビア文字だけが刻印された金貨を製造した。これがディナール金貨である。この金貨は平均純度96％以上で，重さは4.25ｇであった。これはのちのイスラーム世界の標準となった。

　698年には，ディルハム銀貨も鋳造され，1ディルハムは2.97ｇであった。中央アジア産の銀で製造されたディルハム銀貨は主にイラク，ペルシアで利用された。他方，ディナール金貨はスペイン，北アフリカ，シリアで利用された。しかし，9世紀の中頃から，西アフリカ産の金がイスラーム世界に流通するようになって，イラクやペルシアでも金貨が鋳造されるようになった。

　金銀の両替のため，スークのあるところには，どこにも両替商がいた。両替商は手形，小切手などを利用した金融制度も発達させた。

　貨幣の鋳造はカリフの特権であると考えられていた。エジプトのトゥールーン朝（868〜905）はディナール金貨を，ペルシア東北部のサーマーン朝（875〜999）はディルハム銀貨を発行した。ファーティ

マ朝（909〜1171）はサハラ縦断貿易を支配して，西アフリカの金を大量に獲得し，そのディナール金貨は高品位を誇った。

第3節　貸借の始まり

　貸借は硬貨の出現より古い。ハンムラビ法典の第111条では，掛売りの話が出てくる。もし居酒屋の女主人が酒を掛けで売ったなら，彼女は収穫時にオオムギを受け取ることができる。人質をとった上での，オオムギや銀の貸し借りの規定もある。借金の返済は「債務労働」という形式をとってもよくて，その労働期間の上限は3年であった。借金の形（かた）として，奴隷を代わりに労働させてもよくて，買い戻し期間を過ぎたら，奴隷の返還は要求できなかった。品物の運送を委託したのに届かなかった場合，それが立証できたら，委託されたものの5倍の返済が要求された。この場合，立証責任は委託者にある。

　これらの規定には，古代の雰囲気があるが，現代でも通用しそうなものが多い。それほど，古代社会で商品の売買に関連する貸借が多くある。

　「あらゆる保険の母は海上保険である」と言われる。古代社会ですでに保険制度は始まっていた。海上保険自体は冒険貸借から始まった。古代ギリシア・ローマから地中海の海事慣行で，共同海損（general average）と冒険貸借（bottomry）が行われていた。共同海損は損害の

第5章 硬貨の誕生

共同負担と，危険の事後的措置からなる。冒険貸借は損害の補填と危険の事前的措置からなる。

> ★ 豆知識 ★
> 　日本では近世初期に，長崎，博多，堺等の貿易商人の間で，高利の銀貸付が行われた。この投銀(なげがね)は冒険貸借の一つであると理解されている。東南アジアや中国南部に向かう朱印船，唐船，ポルトガル船等に投資し，船が無事に帰国すれば，その時点から，貸付に対する返済義務が生じる。もし交易に失敗すれば，返済の義務は生じないので，投資家は大損する。貸主は博多商人や堺商人が多く，借主には日本人の他，ポルトガル人や唐人もいた。

第6章
贈与と交換

第0節　モノの交流

　古代社会で有名な商業民族は，地中海の海上商業で活躍したフェニキア人，西アジアの内陸商業で活躍したアラム人，そして，古代ギリシア人，古代ローマ人などである。

　中国の班超（32〜102）がカスピ海まで進出した結果，内陸の商業が活発となり，シルクロードによる東西貿易や文化交流が盛んになった。海の道も古代ローマ帝国と漢王朝の間の通商路として開発された。

　商業がなくても，人々はモノを交換して，生活を成り立たせる。協同して狩猟採集や，他者のモノの強奪に従事し，成果を分配する。ここでは，モノの「交換」は仲間内での「分け前」とよばれる。

★　豆知識　★
　ドイツのリヒトホーフェン（1833〜1905）が，1877年に出版した本で，ユーラシア大陸の東西を結ぶ道をドイツ語でザイデンシュトラーセ（Seidenstrasse）と名付けた。「絹の道」がこの訳語として定着した。

第6章　贈与と交換

第1節　贈　与

　他者との関係を平和に維持するために，他者を自己と同等のものとして，仲間と見なす必要がある。そのために必要な行為は，通常，贈与とよばれる。贈与で，社会的紐帯・平和が維持される。

a. 互酬性

　氏族と氏族の間では，贈与慣行で社会的紐帯が維持された。贈与の基礎には互酬性がある。互いに利益が得られるようにするために，与えることが重視される。贈与で相互の信頼関係が強固になり，仲間意識が維持される。

　財の交換の当事者が対等でない時には，財は再分配にまわる。財が首長や国家のような中心に集まり，再びそこから出ていく。

b. お返し

　贈与においても，モノの価値は評価されるのが普通であり，返礼は「お返し」と表現される。お返しの必要がないもの（無償の贈与），必ず必要とされるもの，お返しが期待されるものなど，さまざまな人間の結びつき方がある。

　共同労働に従事するために必要なモノは贈与体系に入らない。贈与には感謝の気持ちが生じるが，共同で利用するモノの移転には，負い目は生じない。贈与が発生するためには，さまざまな条件がある。

財の持ち手の地位に変化があった場合に贈与が生じる。相続, 婚姻, 不動産の獲得, 昇進など, 地位の変化に対して他者による是認・共感が必要とされる。その時, 贈与が発生し, それに返礼が続く。

c. 人身供犠

神への贈り物, すなわち供え物は基本的には, 自分の力が及ばないことに対して, 少しでも自分の希望をかなえてもらおうとして行う贈与である。

人身供犠(じんしんくぎ)として, 当初は同族から選ばれた人が差し出されていたが, しだいに敵対部族の人間を祭壇に祭るようになり, 最後には, 人間ではなく家畜を犠牲にするようになった。歴史上, アステカ帝国や殷における人身御供(ひとみごくう)が有名である。中国では戦国時代頃には人身御供が否定され, 秦の始皇帝の時代には兵馬俑のように, 人を供えることはなくなった。

d. 文化人類学の例

贈与交換の例として, 文化人類学ではポトラッチ, クラ交易, ハウなどが研究されている。これらは人的交流の例として, 歴史学で参考になる。ポトラッチは19世紀まで北米大陸北西部沿岸の北米先住民が行っていた儀礼の総称である。クラ交易はパプアニューギニア北東部, マッシム地域の島々(トロブリアンド諸島等)で行われている贈与交換である。ニュージーランドのマオリ族では, 贈答品はタオンガ, お返

しはウトゥとよばれ，それにはハウという霊が想定され，返礼しないとハウに殺される危険性があったとされる。

e. 古代ヨーロッパの贈与慣行

古代ギリシアでは公共奉仕を意味するレイトゥルギアという，公への義務的行為が要求された。富裕者が「慈悲の心をもって自発的に」一般市民のために贈与し，奉仕する。富裕者による再配分の一形式である。

公共奉仕のため，富裕者はトリエラルキア（三段櫂船艤装義務）を果たし，合唱隊・体育行事・松明競争・競技・聖所派遣・供応などの費用を負担した。これは有産階級の名誉と名声にかかわる行為であり，この義務を果たすことで，有産階級は優越する地位を承認される。

タキトゥス（55頃〜113以降）は『ゲルマニア』（98年）でゲルマン社会を描いた。ゲルマン人は遠征に出かけないときには，宴会を開き，略奪品を消費し，客を招いて飲食を提供し，戦利品を配り，見えを張った。富は蕩尽するためにあり，そして，財宝は地中に埋め，海中に沈めた。

ヴァイキング時代のスカンディナヴィア半島からは多くの貨幣が出土している。『アイスランド・サガ』（12〜13世紀頃の作）では，登場人物はたいてい金貨を湿地帯や地中に埋めた。エギルのサガでは，死の

前に銀で詰まった箱を沼地に埋め，それを手伝った奴隷を殺した。スカンディナヴィア半島では織物や家畜が支払い手段として機能した。金銀の腕輪や首飾りはそれをもらった者にも，所有者の幸運が流れ込むと考えられた。このような力をもった多くの財宝を集め，臣下に配ることができる者が首長となった。

第2節　市場の意味

　市場という漢字には2つの読み方がある。「いちば」の場合，日本史では市庭とも書かれるように，市場（いちば）は実際に，人々が集まって，商品が交換される具体的な場所を指している。市場町，魚市場など，具体的で個別的な場が存在するときに，この読みが使用される。

　市場が「しじょう」と読まれるときには，市場（しじょう）は，商品の需要と供給によって価格が決定される抽象的な経済的空間を意味する。この読みは為替市場，市場価格，市場調査などの場合に使用される。18世紀頃まで，たいてい，「いちば」があった。19世紀以降，「いちば」は次第に存在しなくなり，商品は「しじょう」で取引されるようになる。

　英語のマーケット（market）という言葉は「いちば」と「しじょう」の両方に用いられる。マーケットは日本の五日市や八日市のように市日（いちび）が決まっていて，日常的な商品が交換される週市，定期市を意味している。

　英語にはフェア（fair）という「いちば」もある。フェアは年に1回

第6章 贈与と交換

か，数回程度，開かれる年市である。フェアは牛や毛織物などの特定の商品のために，卸売市場として開催された。あるいは，海外交易商人が集まって，大市として，世界の貴重な物産が交換される場となった。

古代から東西文明の十字路であった西アジアでは，市場をめぐる多くの人間模様が展開された。そのため，アラビア語のスークやペルシア語のバーザールのように，市場という言葉が外来語として日本語になっているほどである。

日本では，虹の下に市がたつ場合もある。市場を意味するドイツ語の Messe（メッセ）はキリスト教のミサに由来した言葉である。中国では市場として機能する「社(しゃ)」は集落の外の，山の中や道の四つ辻におかれ，人々が出会える標識として樹が植えられた。春と秋の祭礼の際には，その樹は天上と地上をつなぐ印として機能した。市場では棄市(きし)が実施された。罪を犯して，天の怒りをかった罪人を天への通り道である市場で処刑した。罪人は天への供え物となった。

市場では平和が保たれなければならない。人々は武器を市の外に置いて，市場に入った。交易が終了して，市場を出ると，人々は一斉に武器を手にして，時には，実際に戦いが再開された。あるいは，男が戦っている間，女が商品を市場に運び込み，男はそれを妨害しなかった。市場の平和を乱すと，災厄・病気・死に見舞われるという信念が浸透していた。市場は聖霊や守護神が守る聖なる場であり，交流の場

でもあった。東アジアでは，市場で歌垣が催された。歌垣は春・秋の特定の時期に催され，男女の出会いの場として機能した。

　市場の平和を確保するため，市場の監督者は中立的な者が選ばれた。通常，市が開催される地方の領主が，その役を勤めた。中立を確保できる政権が成立して，初めて，市場らしい市が立つことになる。

　古代ギリシアの市場は2種類あった。日常品はアゴラ（広場）で取引された。貿易はエンポリウム（emporium）で実施された。エンポリウムでの取引は監督官が差配し，輸入穀物の3分の2はアゴラに運び込まれて，第3国への転売が制限された。エンポリウムでは，国内とは異なる貨幣が利用され，国際法が適用された。西アフリカのウィダもこの一例であり，鎖国時代の日本の平戸もこの例である。東インド会社の商館がエンポリウムとよばれることもあった。

　アゴラの交易品は食料が多かった。アゴラには近隣から女性たちの手で，魚・野菜・調理済み食品・牛乳・卵などが運び込まれた。アゴラの小売商人は女性であった。後に，男性の露店商が許可されるようになるまで，男性が小売りに手を出すと，去勢の罰を受けた。

　民主派のペリクレス（前495頃〜前429）は市場習慣を育んだ。彼は全市民に公共事業で少額の手当を与え，食べ物を市場で買えるようにした。

　傭兵のために特別に開催される市場もあった。軍隊が市場の推進力であった。軍隊は戦利品の処分のため，そして，軍隊への補給（兵站）

のために，市場を必要とした。傭兵（重装歩兵）に応じることが富の獲得の普通の手段になっていた。戦利品は財宝，家畜，奴隷からなり，エンポリウムで売却された。

戦争でえた捕虜は奴隷として売られた。ペロポンネソス戦争（前431〜前404）の終わり頃，紀元前411年，奴隷身分の捕虜だけを奴隷として売ることができ，自由人の捕虜は奴隷として売ることができなくなった。

軍隊の食料は市場で調達するか，従軍商人から買い入れた。市場の開催は駐屯地との交渉しだいであった。市場が提供されない場合，実力で，水と食料が調達された。中立，あるいは，敵対する町の場合，市場は市壁の外に置かれた。

第3節　沈黙交易

沈黙交易（silent trade）はシベリア，インドネシア，ブラジルなど世界の各地に，その事例が残されている。中国の文献では，鬼市として出てくる。

ヘロドトスの『歴史』では，カルタゴ人とリビア人の沈黙交易の事例が紹介されている。この沈黙交易はカルタゴ人が，リビアの黒人のもとに出向いて，海岸に積荷をおろすことから始まる。その土地の住民はカルタゴ人が去るのを確認すると，商品の代金として海岸に黄金を置いて引き返す。互いに姿を見せないで，この交渉は続き，商品と

金が納得できる価値量に達すると，交渉が成立したと判断された。

　不正が絶対に行われないことが，沈黙交易の前提条件である。リビア人とカルタゴ人は相手の商品をなぜ盗まなかったのか。まるで「自然の恵み」を得るように，お互いの絶対的な信頼だけが，この取引を成立させる。

　沈黙交易が終わるのは，交渉相手が互いに自分の姿を見せ，話し合いが始まるときである。その一歩手前の事例が，大航海時代のブラジルの記録に残っている。沈黙交易の一方の当事者はトゥピナンバ人である。トゥピナンバ人の生業は，狩猟，漁労，採集など原始的なものである。彼らは有毒マニオクを主要作物とする焼畑農耕にも従事した。彼らの交易相手はウエタカ人である。トゥピナンバ人とウエタカ人は沈黙交易時に，遠くから相手方を見守った。取引に同意すると，トゥピナンバは200歩離れた岩の上に緑石を置き，元の場所に帰る。ウエタカが次にその岩に近づき，緑石を取り，自分たちの羽毛製品を置いて帰る。両者が元の自分たちの位置に戻ると，平和が破られる。両者は今，取引した商品を取り戻すことができるようになる。ウエタカは猛ダッシュする。もし追いつけば，今取引した商品をトゥピナンバから奪い返すことができた。取引では平和が順守される。その外では闘ってもいい。

第6章 贈与と交換

第4節　古代の商業

　前3千年紀半ば，オマーン半島にアラビア湾岸で最初の文明，ウンム・ン＝ナール文明が興った。古代メソポタミアはイラン高原とオマーン半島から銅を輸入した。のちに，アナトリアやキュプロス島からも輸入するようになった。キュプロスは「銅」を意味するcopper等の語源となった。

　銅の他，メソポタミアには，イランやインドから金・銀，ラピスラズリ，瑪瑙（イラン高原），紅玉髄（インダス川）等の宝石・貴石が輸入された。

　地中海の商業活動はフェニキア人の登場で活発になる。フェニキア人はテュロス，シドン，ビュブロス，アルワド等に分かれていて，都市間でライバル意識をもっていた。古代ギリシア人は彼らをポイニクス（フォイニケオス＝紫紅色(しこうしょく)）とよんだ。これがなまって，現在，フェニキアとよばれるようになっている。ポイニクスは染料の貝紫(かいむらさき)（えんじ色）のような色合いを意味する言葉である。

　この染料は濃度を調整して，青紫から真紅まで，さまざまな色合い

　★　豆知識　★
　貝紫色（royal purple）はアッキガイの一種でムーレクス（dye murex）の分泌液から作られる。

に染められた。貝紫で染められた麻織物や毛織物は王者と神官の衣装として用いられた。古代ローマの凱旋将軍が凱旋式の1日だけ,真紅に染められた外衣をまとうことを許された。のちにヨーロッパで紫衣(しい)は帝権・王権の表象となった。

テュロスの王ヒラム1世(前971〜前939年:在位年に諸説あり)はソロモン王(前961〜前922年:在位年に諸説あり)の求めに応じて,神ヤハウェの神殿建立のためのレバノンスギを提供し,職人を派遣した。見返りに,ソロモンはヒラムに大量のコムギと良質のオリーブ油を送った。両者は共同海運事業に乗り出した。ソロモンはヒラムの助けを得て,大型船を建造し,アフリカ東岸に至る紅海貿易に乗り出した。

フェニキアがスペインまで進出した時代,伝承では前814年頃に,交易拠点として,チュニジアにカルタゴが築かれた。カルタゴの建設は考古学資料では前8世紀半ばであり,本格的な入植が始まったのは前730〜前720年代であろうと推測されている。

フェニキアはレバノンスギの交易でも栄えた。前26世紀のクフ王の大ピラミッドの南側で発見された「太陽の船」は全長40mの大型船であるが,その資材はレバノンスギであった。トトメス3世(前1479頃〜前1425頃)の時代から,エジプトではレバノンスギの輸入量が急増した。当初はビュブロスが独占していた。

仏教の成立と同じ頃,前500年頃に成立したジャイナ教(祖:ヴァ

第6章　贈与と交換

ルダマーナ，前549頃〜前477）は，禁欲苦行の生活と徹底した不殺生が魂の救済に必要であると説き，とくに商人に支持された。

　ガハパティ（家長）と称される上流市民がインドの都市経済を動かした。彼らの代表が金融業者や交易商人となった。バラモン教では，商業はヴァイシャの職業と理解されたが，バラモンやクシャトリア出身の商人もいた。

　インド南部にはローマ人の居留地があり，大量のローマ金貨が出土している。エジプト在住のギリシア人が1世紀後半に書いた『エリュトゥラー海案内記』にローマ時代の海上貿易の記録が残された。エリュトゥラー海は紅海を意味するが，この本ではそれより東方の海も含まれた。

　デカン高原西北部のサータヴァーハナ朝はガウタミープトラ・シャータカルニ（在位106〜130頃）の時に，強大となった。ここでは，ローマとの海上貿易も盛んに行われた。この時代（西暦1〜2世紀），インドは漢とローマを結ぶ中継的位置にあり，クシャーナ朝の領内ではそのための内陸路，サータヴァーハナ領内には中継港が存在した。

　西暦紀元前後頃，ギリシア人ヒッパロスが発見したといわれる季節風（ヒッパロスの風）を利用して，アラビア半島から2週間ほどでインド西海岸に直航する貿易路が開発された。インドから香辛料，宝石，真珠，象牙細工，上質綿布，剣などの鉄製品，中国産の絹等が輸出され，ローマ帝国からは葡萄酒，オリーブ油，サンゴ，ガラス製品，陶器，銅・錫等が輸出された。インドからの輸出が超過していて，差額

は，ローマ帝国が金貨，金塊で支払った。北インドでは金貨が改鋳され，南インドではローマ金貨がそのまま利用された。

　イラン系のソグド人は4〜5世紀から7〜8世紀頃に，中央アジアのオアシス国家を経由して，西アジアと中国を結ぶシルクロードで活躍した。ソグド商人は現ウズベキスタンあたりのソグディアナから，紀元1世紀頃に，中国に向けて進出するようになった。ソグド商人は遊牧集団の指導者たちと提携し，キャラバン隊を各地に送り込んだ。唐が成立すると，唐は中央アジアに軍を駐留させ，交易を唐の管理下に置いた。その結果，徐々にソグド商人に代わって，漢人の商人が中央アジアに進出するようになった。それまで，中央アジアでは，西アジアの銀貨が流通していたが，しだいに唐の絹や銅銭が流通する経済圏に組み込まれるようになった。

　中国で古来，利用されてきたヒツジやムギは西アジアに起源がある。前4千年紀に黄河上流域にヒツジがもたらされ，前3千年紀に華北平原に広まった。前3千年紀にムギが伝播し，前2千年紀後半までに黄河上流域に普及した。ヒツジが伝播した頃，卜(ぼく)に動物の骨を利用する風習が広まった。骨を熱して，そこに生じた亀裂で，吉凶を占った。その他，前3千年紀頃には，タカラガイやトルコ石も商品として流通していた。

　中国では，商人や手工業者は農民より低い地位に置かれた。商人は

第6章　贈与と交換

漢代には，市籍とよばれる特別の戸籍に登録された。市籍に登録された商工業者は製造・販売した物品の数量を官に申告し，それに応じて，市租を納めた。

主要な常設市は王朝が管理し，役人が配置された。王朝は，市の周囲に牆壁（垣と壁）をめぐらし，営業時間を制限し，標準価格を決定した。商品流通を王朝が管理する形式で，市が発達した。戦国武将は商工業者からの徴税で軍事力を拡大し，軍事物資を市場で手に入れた。

4万人ほどの人口に対して，市場が一つあった。市場の中央には亭（警察・治安施設）が置かれた。市場には縦横に大小の道が走り，業種ごとに列肆が作られた。店舗の間口が2mほどの店が軒を連ねた。列肆の他に，道端に座って商う坐賈とよばれる人たちもいた。高価な奢侈品や遠距離交易品に対しては黄金や織物（布帛）が貨幣として多用され，日用品の市場では銭や穀物が多用された。

劉秀＝光武帝（在位25～57）の命をうけ，班超（32～102）がカスピ海まで進出した。これによって，シルクロードによる東西貿易や文化交流が盛んになった。シルクロードには，ステップルートとオアシスルートがある。中国からは，絹，陶磁器，工芸品，茶，穀物が西に流れた。その他，シルクロードでは，サンゴ，琥珀，宝石，薬剤等が行き交った。

第2編
中世経済史

第1章
中世の技術

第0節 中国と西欧

　中世においては,技術の開発力は中国がその他の地域より勝っていたように見える。しかし,大砲が活躍するようになった14～15世紀頃から,東から西に,技術開発力の重心が移動するようになった。その後,現代に至るまで,ヨーロッパが先進的な技術開発を担うようになった。

　a. ベーコンと技術

　近代社会を生み出したのは,宗教改革や大航海時代の冒険者ではなく,紙と活版印刷術,火薬,羅針盤の3つであると,フランシス・ベーコン(1561～1626)が主張して以来,歴史的変化の原因に関する技術要因の影響力の強さが意識されるようになった。ベーコンはその3つの技術体系を西欧が開発したものと考えたが,現在は,中国で発明されたものと理解されている。

　b. 製紙法と印刷術

　中国で開発された製紙法は徐々に西方に伝わった。751年のタラス

第1章　中世の技術

河畔の戦いで，製紙技術が中国からイスラーム圏に伝わった。中央アジア，フェルガーナ地方でのこの戦いはアッバース朝のムスリム軍の一方的な勝利で終わった。中国人の捕虜の中に，何人かの紙漉工(かみすきこう)がいて，彼らが連行されたサマルカンドで，紙漉きの仕事を行ったという話が伝承されている。757年にサマルカンドに製紙工場が建設され，バグダード，ダマスクス，フスタートに伝わり，1151年には，スペインで製紙用の水車が回転していた。

　日本の『百万塔陀羅尼』(770年完成)は現存する世界最古の印刷物と言われる。日本では1300年前後頃の禅院による五山版の出版まで印刷物は増加しなかったが，中国では，五代(907〜979)での経書の印刷以降，印刷文化の花が開いた。しかし，これらは木版印刷である。
　読書人ともよばれた士大夫は科挙試験で官僚となった。活字は中国の畢昇が1040〜50年頃に開発した。この活字は陶製で，金属の枠に蝋(ろう)で固定されたもので，墨との相性がよくなく，実用としては問題があった。
　13世紀には高麗(918〜1392)で世界最古の金属活字印刷が行われた。高麗では仏教が栄え，大蔵経が印刷された。15世紀にハングル(訓民正音)がつくられ，銅活字による出版も盛んになった。
　15世紀前半までに金属活字の技術が完成したと見られているが，東アジア圏では，漢字の数の多さのため，西欧のような普及をみなかった。1枚毎に彫り上げる木版印刷と比較して，それほど生産性はのび

なかった。

1440〜50年頃,ドイツのグーテンベルクが活版印刷術を開発した。1454年に『四十二行聖書』が印刷された。1517年以降,宗教改革の時代に突入した西欧では活版印刷術が多いに利用された。1525年のドイツ農民戦争で流布した『12箇条』も25版,25,000部が印刷されたと見られている。

c. 火薬

中国では,9世紀に硝石・硫黄・粉炭を用いて,火薬が製造された。火薬は宋朝で実用化され,イスラーム圏を経て,13世紀にヨーロッパに伝わった。火器も同様であるが,中国の最初の大砲が1356年に製造されたのに対して,西欧では1310〜20年代に大砲が開発されるようになった。14世紀中に,軍船にも大砲が搭載されるようになった。

大砲が本格的に活用されるようになったのは,フス戦争(1419〜1436)であった。1420年頃に発見された粒状火薬の利用で大砲の活用が広まった。1494年にシャルル8世(在位1483〜1498)がイタリアを攻めたとき,大砲からは,それまでの石の砲弾にかえて,鉄の砲丸が発射された。

大砲は築城の技術に関係する。国王は当初,築城を禁止した。そのため,10世紀半ば,防衛の拠点としての城は存在しなかった。それまで,長城(帝国の境界)や都市の囲壁はあった。10世紀後半から領主

は，住居と付属施設を堀や土塁で囲み，天守塔を丘の上に作るようになった。当初，城は木造であった。13世紀以降は，戦略的な拠点を中心に石造建築に変わった。石造りの城を攻撃するために，石弾を飛ばして城壁や天守塔を破壊する投石器が利用された。これに替わったのが大砲である。

人間が携行できる鉄砲は1381年に南ドイツで出現し，15世紀末頃に火縄銃も作られた。鉄砲は16世紀には普及したが，火縄銃にかわってマスケット銃が使われるようになっても，17世紀には，まだ槍が「武器の女王」とよばれていた。

d. 羅針盤

磁石は古代中国ですでに開発されていた。11世紀には，中国のジャンク船が羅針盤を積んで，南方に進出するようになった。ジャンク船は防水隔壁を備えた本格的な船舶であった。

沈括（1030〜1094）の『夢渓筆談』に方位磁針の話が載っている。ヨーロッパでは，1269年にペトルス・ペレグリヌスの『磁気書簡』の中に，その記録があり，1300年頃には，乾式コンパスが発明された。

第1節　農業技術

中南米でも，農業技術の進展はみられた。インカ・ガルシラーソ・デ・ラ・ベーガ『インカ皇統記』（1609）には，インカ帝国でのジャガ

イモの段々畑や灌漑農業の記述がある。

大航海時代にアメリカ大陸（新大陸）から旧大陸に，トウガラシ，トマト，カボチャ，カカオ，ラッカセイ，インゲンマメ，サツマイモ，ジャガイモ，トウモロコシなど，さまざまな作物が紹介された。小麦の倍の収量を誇るトウモロコシはアフリカでは16世紀半ば頃に，各地で栽培が拡大し，イネと並ぶ重要な穀物となった。

a. 西欧の三圃式農法

11～13世紀頃に，世界的に気候が温暖化した。ヨーロッパでは森林が開墾され，沼沢地や海岸が干拓された。農民は周辺の森を少しずつ切り開いていった。その2～3世紀の間に，ヨーロッパの耕地は1,000万haから2,000万haへと倍増した。

中世農業革命とよばれる農業技術の発展があった。車輪がついた鉄製の犂を初めとした各種の鉄製農具が普及した。12世紀に馬の繋駕法が改良され，馬は軍事だけでなく，農耕用にも盛んに用いられるようになった。フランス北部，ドイツ南部，イギリス南部の肥沃な土壌地帯を中心に，三圃式農法が普及し，人口が増大した。

10世紀頃から19世紀にかけて，重粘土質の肥沃な農地で行われた三圃式農法では，肥料として主に家畜の糞が利用された。休閑地となった耕圃に，ヒツジやウシなどの家畜を放牧して，地力を回復した。

三圃式農法では，農民世帯毎に保有地が決定され，保有地は3枚の

第1章 中世の技術

耕圃の中で不規則に散在していた。農民の保有地の最小単位は地条(約20 m×200 mの大きさ)とよばれ,これが面積にして約1エーカであった。平均して,農民は三圃制の1耕圃につき5～10枚の地条をもっていた。

三圃式農法では,3耕圃のうちの1耕圃をみると,昨年,秋まきの穀物が栽培された土地に,今年は春まきの穀物を栽培し,来年は休閑地にするという輪作形式が採用された。当該の1年では3耕圃のどれかが,秋まき,春まき,休閑に該当した。この形式だけをみれば,現代でも一部の農家でみられる伝統的な農業であるが,現代のように農民個々人が農業経営の方式を決定するのと異なり,三圃式農法は村落単位で運営された。

秋まきの穀物はコムギ,ライムギが多い。これはパンの材料となった。春まきの穀物はオオムギやエンバク(オーツ)である。オオムギでビールが作られ,エンバクは馬の飼料になった。春まき用の耕圃では,しばしばマメ科の植物も栽培された。

三圃は村民が全員で運営したので共同耕地とよばれた。共同耕地が

★ 豆知識 ★
エーカ(acre)≒4,047 m^2。イギリスでは最小の耕作単位が1エーカで,エーカは中世の初期に面積ではなく,牛で耕す1労働日を意味していた。

★ 豆知識 ★
貧民はオートミールのほか,オオムギで作られたパンも食べていたと言われる。

休閑されるときには，生け垣などを取り除いて，土地が家畜の放牧のために開放されるので，開放耕地ともよばれた。家畜は休閑地で放牧され，クローヴァやカラスノエンドウなどの，耕地に自生する自然の牧草を飼料として利用した。家畜の糞は耕地の肥料となり，放し飼いによって，地力の回復がはかられた。

共同耕地の他に，農民の保有地として割り当てられた採草地，家畜頭数が制限された放牧地，そして，木材，燃料，山菜などの供給源であった入会地や荒れ地を含めて，村落内の土地をすべて利用する形で，三圃式農法が運営された。

b．中国の二毛作

中国では，華北の畑作（乾地農法）地域では，粟・麦・豆類を組み合わせた2年3毛作が一部で普及した。しかし，長江下流域の水稲作地域の開発が進み，南宋の時代まで，「蘇湖熟すれば天下足る」と言われるほど，経済の中心が江南に移った。江蘇省の蘇州と浙江省の湖州が豊作であれば，官僚は安泰であった。

江南では，地主層が長江デルタの低湿地で，周囲を堤防で囲って，沼地などを干拓し，囲田・圩田とよばれる水田を開いた。米の品種改良を行い，米の裏作として，麦を栽培して，年に2回，穀物を収穫した。宋代では，まだ，囲田・圩田は開発途上であった。政府は11世紀に，成長期間の短い占城米を分け与え，勧農使を派遣して，農業の振興につとめた。

第 1 章　中世の技術

　太湖から東方に流れていた水が南方に流れるようになって，水田地帯が水不足に陥った。蘇州，杭州，湖州などの農民は絹布を織った。湖州は養蚕が盛んになった。松江府は綿花を栽培し，高級綿布を織った。村落の多くが綿織物業や絹織物業で中小都市に発展した。

　農業生産の中心地が変化し，遅くとも 16 世紀初頭までに「湖広熟すれば天下足る」と言われるようになった。明初以来，長江中流域の湖広地方に，移民が集まった。彼らは客民とよばれ，土地を開墾し，堤防を築いた。1400 年から 1600 年の間に，湖北地方では耕地が 3 倍に増加した。湖広地方は荒れ地が多く，開墾すると土地の所有権が認められ，数年間は税金も免除された。移入民の多くは江西地方から流入した。江西省では紳士を中心とした社会の指導層が高利貸しや暴力・詐欺等の手段で税金や徭役を貧民に押し付け，貧民から土地を奪い取った。客民と土着の民の間で，土地や米の流通をめぐって対立も生じた。

c. 環境問題

　森林資源は多くのものに利用された。樹木は染料用材としても用いられ，十字軍時代に西欧は西アジアから赤色の染料の原料であるパウ

★　豆知識　★
　紳士は官職経験者である「紳」と，挙人・貢生・生員等の学位を所有し，官職を求めたがかなわなかった「士」からなる明清時代の，いわば地主層である。彼らは社会層として，15 世紀半ば頃から形成され始めた。

ブラジル（蘇芳(すおう)）を輸入した。

　西欧では，11世紀頃から，リエージュやニューカッスルなどの鉱山で石炭が採掘されるようになり，薪・炭にかわる暖房用の石炭の利用が進んだ。しかし，石炭の広範な利用はコークスの活用が始まってからである。それまで燃料としてはもっぱら木材に頼っていたので，16世紀に，造船業，窯業・鋳造業，醸造業，ガラス製造業，製塩・製糖業，製鉄業などが発展したため，木材資源の不足と森林の消滅が問題となった。

　島全体が森林で覆われていたため，森を意味するマデイラという名をいただいた島は，大航海時代にポルトガルの植民地として大きな役割を果たした。モロッコの沖にうかぶマデイラ島の森は農業のために植民者の手によって焼き尽くされ，消滅した。マデイラは15世紀半ばから砂糖植民地として経済的繁栄を迎えた。

　西欧では16世紀に，森林を保護するために，各国政府は規制・禁令を頻発させたが，それでも，森林の減少を食い止めることはできなかった。ロンドンの南方，ウィールドの森を中心とするナラの木の産地では，16世紀後半，エリザベス女王の時代に，多くの木材が伐採された。

★　豆知識　★

　ナラはドイツやイギリスでもっともすぐれた建築用木材として理解されていた。ブナは最良の薪炭材で，ガラス製造業に上質の木灰を供給した。ブナの木の実は豚の餌となった。ブナは生い茂る樹冠でほかの木々の成長を阻害し，葉の分解が土壌を改善するので，森の養母と称えられた。

第2節　鉱工業技術

a. 鉱山所有権

古代ローマでは鉱山の大部分はローマの所有であり，鉱山の採掘は公共事業請負人の団体が独占した。神聖ローマ帝国では，フリードリッヒ1世が1158年のロンカリア立法で，国王大権の一つとして，埋蔵物に対する権利の半分は国王にあると宣言した。

鉱物資源の使用・収益・処分の権利は国王や皇帝が握るのが一般的であり，実際の採掘権は特定の領主や商人に与えられた。多くの場合，産出量の5分の1が採掘料として徴収された。

b. 冶金技術

『デ・レ・メタリカ』(1556) で有名なゲオルギウス・アグリコラ (1494～1555) は西欧の冶金技術の発展に功績があった。アグリコラは銀鉱山で有名なヨアヒムスタールで研究し，金属工学を切り開いた。

16世紀までは，西欧でも木材と皮革で機械が組み立てられていた。ラテン語のマテリア (materia) は木材を意味していた。しかし，16世紀から材料に金属が利用されるようになった。

中国では，紀元前4世紀には鋳鉄の生産が始まり，鉄の冶金のために紀元前5世紀には石炭が利用されるようになったと言われるが，西欧では，鋳鉄の生産は1380年以降のことであった。

c. インゲニアトール

15〜16世紀には，中世ギルドの枠組みを逸脱して，軍事技術を中心に，インゲニアトール（英語の engineer）とよばれる人々が誕生した。中でも有名なレオナルド・ダ・ヴィンチ（1452〜1519）はフィレンツェとフランスの軍事顧問技師として活躍し，蒸気砲，有蓋戦車，毒ガス，潜水艦，ヘリコプター，自転車，旋盤などを発明・考案し，築城や運河掘削の技術を提供した。

中世の手工業では技は磨くものであった。しかし，インゲニアトールの活躍で，秘儀としての技術が誰でも学べる技術として，「工学」に変化し始めた。

第3節　情報技術

a. 暦

時間や暦は，運命の絶対視とともに，国家の管理下におかれていた。フビライに仕えた郭守敬（1231〜1316）は都の天文台で天体観測をし，授時暦をつくった。授時暦は1281年から施行され，1644年まで用いられた。その時に公布された時憲暦は現在，旧暦として親しまれている。太陰太陽暦の授時暦は1太陽年を365.2425日と計算し，グレゴリオ暦と同じ正確さであった。

西欧ではユリウス暦が用いられていた。キリスト教会では，325年

のニカエア公会議で3月21日が春分の日と決められていた。ユリウス暦が不正確であったので,16世紀中頃に,春分が3月11日頃になった。そのため,1582年10月4日の翌日を10月15日と修正して,400年に3回,閏年をおかない形の,新たなグレゴリオ暦を制定した。現在,世界で用いられているこの暦は,1万年で6日の誤差を生む。

b. 不定時法と時計

太陽を時間の基準とすると,不定時法が生まれる。不定時法では,昼と夜のそれぞれを12等分または24等分して,1単位時間を決めた。のちに,機械式の時計の開発で,定時法が生まれてきた。

日本は江戸時代まで不定時法を利用していた。真夜中を子の刻とし,1日に十二支をあてがった。正午は午の刻である。1刻の長さは日出(卯の刻)から日没(酉の刻)を基準として,昼と夜をそれぞれ6等分した。

中国では,蘇頌が1090年頃に開封に作った天文時計台が,水力脱進装置をそなえた時計技術の最高峰となった。正確な占星術のためにも時計が必要であった。この水運儀象台は1127年の戦乱で破壊され

> ★ 豆知識 ★
> 水運儀象台は,現在,長野県諏訪市の時の科学館「儀象堂」で,実物大の復元模型を見ることができる。

た。高さ12m, 1辺6mの水運儀象台は水を動力として, 大歯車の回転運動が機械式脱進装置で調整された。蘇頌は宰相であり, 実際に設計を担当した技術者は韓公廉であった。

西欧では13世紀末に, 定時法を定着させた機械仕掛(きかいじかけ)の時計が登場した。当初は教会や市庁舎などの塔に設置されたオモリ時計であった。時(とき)の鐘(かね)のおかげで都市全体の共同体的生活時間が調整され, 管理が行き届いた生活が送れるようになった。塔時計にはオモリの落下速度を一定に保つ装置である棒テンプが採用された。スコラ哲学者のニコル・オレーム（1320頃～1382）は宇宙と創造者の関係を時計と時計師の関係に重ね合わせた。ピルグリム・ファーザーズの牧師であるジョン・ロビンソン（1575～1625）も「時計師たる神」というイメージは天地創造の過程にかぎって使われる分には問題ないと考えた。

14世紀には, 軍事戦略のために持ち運びできるゼンマイ式の時計が開発され, 16世紀初頭までに, 時計は時計ギルドの職人たちによって量産される体制が調った。16世紀には, パリや南ドイツで, 数百人の時計師が時計の製造に携わった。1軒の店で, 年間20台ほどの時計が製造された。時計は計時の他, 天文学的な予測や音楽の演奏も可能であり, 現代ならロボットと表現できる生物をまねた人形を備えていた。自動機械（オートマトン）である時計への関心はのちに機械論的自然観を生むことになる。

第4節 エネルギー技術

近代以前は人力や畜力といった,生物のエネルギーが活用されていた。人が馬や牛の助けも得て,鋤や犂で農地を耕し,配水のためのポンプを動かし,重い荷物を運び,船を曳いた。

a. 水車

エネルギー源として,西欧では,11世紀頃から,水車や風車が利用されるようになった。シトー会などの修道院が水の豊かな土地に建設され,水車を動力源として利用するようになった。

水車は鉱石を破壊する杵(きね),製鉄所のふいご,鉄を鍛える大槌,毛織物を縮絨する砧杵(ちんしょ),水を汲み上げるポンプ,パン粉をひく臼(うす)の動力源として利用された。15世紀に,鉱業が躍進したときには,鉱石を運び出す滑車,坑道に送風するためのふいご,水の排水用のポンプとして利用された。

b. 風車

セルバンテスは『ドン・キホーテ』(1605)で,風車に立ち向かう騎士の滑稽さを描き出した。風車は近代のエネルギー革命の象徴となった。風車の起源はイランかチベットあたりの高地諸国ではないかと見られ,遅くとも9世紀までに,イランでは風車が回っていた。水車は2〜5馬力程度,風車は5〜10馬力ほどであったと見られている。

第2章
地縁共同体と世帯家族の成立

第0節　共同体とは何か

　中世において，古代の氏族制度がほとんど解体された。地縁共同体と世帯家族，そして，それを後援する宗教組織が子どもたちの成長に責任を果たすようになった。

a. 共同体の意味

　共同体という言葉はさまざまな意味で利用されている。現在，ヨーロッパ諸国は欧州連合（European Union）としてまとまろうとしている。この国家連合組織はEC（European Community）から生まれた。ここで利用されているコミュニティ（community）という言葉が日本では共同体と訳されている。

　ある国語辞典で共同体は，「家族や村落など，血縁や地縁に基づいて自然的に発生した閉鎖的な社会関係」と説明されている。「閉鎖的」と表現される裏には，その共同体が連帯責任を負うほど，法的・経済的に緊密なまとまりであり，その構成員は基本的に平等の立場で交流した，という意識もある。

　中世の共同体は血縁というより，ムラに代表される地縁的組織を意

味するのがふつうである。血縁でつながるのは家族である。地方の名士ならともかく，普通は，家族だけでは生きていけないので，地縁的組織が必要となった。

b. 中世の共同体

西欧史では10～11世紀頃に，集村化，教区網の整備，一円的な裁判領主権の形成を目安として，農村共同体が成立したと言われ，12～13世紀には自治権を与えられて（慣習法の整備），法的にも追認された共同体となった。日本史では，中世の共同体は惣とよばれた。惣は13世紀末ころに誕生したと見られていて，室町時代まで続いたムラ社会である。

中世社会では，人々は共同体がなければ，生きていくことさえ，困難であった。共同体はその地域に長く定住する人たちを中心として，何らかの相互扶助組織として成立していて，農村（ムラ）や都市という形式が採用される。そして，その共同体を補足する，兄弟会のような別の共同体的相互扶助組織が付属するのがふつうである。

第1節　世帯家族

a. 氏族から世帯へ（ウジ社会からイエ社会へ）

日本史で，10～11世紀頃から15～16世紀頃にかけて，ウジ社会からイエ社会への変化が生じたという説がある。氏(ウジ)を中心に社会が動い

ていた時代から，家(イエ)を中心とする時代に変化した。

　氏族に含まれていた共同生活組織の基盤が，中世への変化の中で，機能分化して，村落共同体と世帯・親族とが生み出された。地域共同体が生まれる頃，家族世帯も生まれた。この世帯は，現代人が日常的に利用する「家族」という言葉と異なり，まさに世帯共同体である。揺りかごから墓場まで，地縁共同体（ムラ社会）の中で，家族世帯は生きていた。

　基本的には，家族世帯が地代や賦役の賦課の単位となった。刑事犯罪である殺人や窃盗の賠償金は個人ではなく，当初は親族が責任主体となり，親族が支払った。賠償金は武力で支払われるか，親族間の和解で調停された。親族の軍事的連帯の実権はしだいに戦士や都市上層民（共同体）が握るようになった。

　中世の初期に，経済的な単位として世帯は成立していたが，それを補足する宗教・軍事的単位として，氏族的つながりをもつ親族が大きな力をもっていた。不動産の譲渡にも親族は関心をもち，家族世帯の財産の相続・売買に対して，特に土地の寄進の場合のように，親族の同意を必須条件とすることもあった。中世後期には，親族の同意は必要とされなくなり，世帯が決めるようになった。

　世帯の誕生をはかる基準として，家族の姓に注目することもできる。11世紀頃から，西欧の貴族層では，男系による長子単独相続を特徴とする家門が形成されるようになった。姓を守るため，アウグスティヌスは「子，貞節，秘跡は結婚のたまものである」として，貴族の内縁

関係を否定し，一夫一婦制を理想とした。

b. 宗教と世帯

　西欧の場合，教区教会制が共同体の基本である。共同体には守護聖者がいて，誕生から死まで，守護聖者が人々を守ってくれた。氏族社会の祖先神と同様である。西欧では，氏族や世帯の長が婚姻を仕切っていた時代から，共同体の誕生とともに，12世紀には結婚は秘蹟であるとして，結婚式が教会の門前で挙行される時代へと変化した。教会結婚式の実施のため，1215年の第4回ラテラノ公会議で，婚約から結婚式まで，結婚に至る手続きが規定された。神によって結ばれた者は，絶対に，その結び目を解くことができなかった。離婚は神の掟を破るものとして，原則，不可能になった。

c. 世帯と相続

　中世の世帯にはさまざまな構成員がいた。家長を中心とした一つの血縁世帯の他に，助け合いの組織として一族郎党が存在するのが，中世の家族世帯である。実際には，大家族や小家族・単婚家族の形式をとっても，一つの世帯だけで生計が営まれているのではなかった。

　18世紀になっても，英語の辞書では，家族（family）という言葉に，核家族の成員だけでなく，奉公人（servant）も含まれていた。その意味で，家長の保護を受ける人たちが家族であり，彼らが一世帯（household）を構成した。家長は世帯構成員を保護しなければならな

かった。同時に，家長は保護の権力ももっていた。

　日本では，家族という言葉は明治時代以降に使われるようになったにすぎない。江戸時代以前は家として，一個の世帯を表すものであった。ただし，世帯という言葉は朝廷の官職を意味した。中世では，身に帯びるものとして，世帯は地位，所領，財産を指すようになった。

　ここでは，家産や資産を一緒に管理・維持している共同体を世帯と表現しておく。世帯は世帯のための労働に従事する一族郎党的存在を別にすると，原則として，血がつながった人々から構成された。しかし，家長の判断しだいで，養子として世帯員を増やすことも可能であった。家長が認めた家族構成員とその資産が世帯であった。

　相続より，世襲と表現したほうが，中世の相続制度をより適格に表現できる。世帯は世襲であり，家長の長男，あるいは，末子が世帯を世襲した。地域によっては，モノの相続に関しては，分割相続・均分相続もあったが，日本で本家・分家という言葉が生まれたように，身分的に分けて世襲することもあった。

　商人が外国で死亡したとき，氏族制度が強固な時代では，商人が死亡した土地（外地）の人たちが，その商人の財産を相続できた。しかし，世帯の誕生とともに，商人の財産は親を継ぐ子どものモノとなった。ヒトと財産との結びつきが強くなり，世襲する（地位を受け継ぐ）ことは，モノを相続することと同義語になった。

　世襲は共同体によって，相続者としての地位が認められる，という

意味である。地位が認められたら,その地位に付随するモノに対する,さまざまな権利が認められることになる。

近代化はモノに対する権利を認めることで,モノの「相続」が決定される社会を作ることである。現代社会では,ヒトとモノとの関係が直接的であるのに対して,中世では,ヒトは地位を通して,モノと関係することができた。

第2節　村落共同体

日本では郷村(ごうそん)は惣として,地方ごとに異なった自治権を獲得し,領主に対抗する組織となった。それとともに,総意を重視したため,子どもの頃から互いの氏素性を知っておく必要があった。ムラはよそ者を排除する組織として機能した。内部の結束力の強さがよそ者を生んだ。現代ではイジメや派閥の中に,その心情・組織形態が残る。

中世では,世帯が生産・消費の主体であった。消費生活は常に共同体成員の監視を受けていた。特定の世帯の今日の朝御飯が何であったかは,村中の人が知っていても,全くおかしくなかった。生産も,世帯と世帯の協力によって,組織された。

共同体は宗教的に編成されていたが,生産や軍事活動を中心として,世俗的な事業が展開し,地域防衛事業,入会地や農作業の共同管理組織,公共土木事業,世俗裁判所などが存在した。

a. 法体系

 西欧では，中世の法は大きく分けて，3つの法体系から構成された。一つは宗教の法である。宗教団体が認めた法（カノン法）はその宗教の信者に共通に適用される法となった。カノン法は神の法を人が定めたものである。ローマ教皇を長とした教会がこの法を適用した。

 中世社会でもっとも重要なのが世俗の法である。世俗の法は皇帝や国王，そして，その下に位する多くの貴族・騎士層が決定した。しかし，日常生活では慣習法が適用された。慣習法は都市や農村で生み出され，その地方や共同体にのみ通じる法体系である。

 イスラーム法では神の正義は人間生活の全分野に妥当するものであると考えられたので，シャリーア（イスラーム法）はすべての分野に適用された。宗教・儀礼的な懺悔，礼拝，断食，巡礼，葬制などはもとより，婚姻，離婚，親子関係，相続，契約，売買といった民法の分野や刑法・行政法等，神の正義は未成年や禁治産者などを除いて，原則としてイスラーム共同体（ウンマ）の成員すべてに等しく適用される規範であった。

 当初，裁判所としてジャーミーが用いられた。多くはワクフによって建設されたモスク（マスジッド・アルジャーミー）で，信者が毎週金曜日の正午に，集団礼拝を行う。そこではカーディー（裁判官）による裁判が執行され，政府の布告がなされた。ジャーミーは当初は教育や情報交換の場としても用いられていたが，のちには裁判所やマドラサ

(学院) などがモスクから独立した。

b. 寄合，荘園裁判所

共同体は慣習法で守られていた。慣習法を確認する場が寄合（よりあい）であり，荘園裁判所であった。共同体構成員は全員，寄合に出席する権利を有し，義務を負った。各種の寄合で村落運営に関するさまざまな申し合わせ事項が決定された。

罰を与えるべきであると考えられた事項に関しては，荘園裁判が開かれた。農奴身分のものは，荘園裁判所でのみ，裁かれることができた。そのため，荘園領主が村人に加えた損害は，農奴が賠償を求めようとしても，ムラの裁判所で取り上げられることはなかった。

c. 宗教的相互扶助組織

日本では鎌倉時代以降，頼母子講あるいは無尽講とよばれる講（共同財団）が結成された。史料上の初見は1275年の高野山文書であると言われる。村民が小額の米穀や銭貨を頼母子講に拠出して，抽選その他の方法で，特定の人が共同財産を利用することができる，というものである。講が果たしていた役割の多くは，明治時代以降，生命保険会社，信用金庫，銀行等が請け負うようになった。

頼母子講は寺院の宗教活動のための講（神仏を祭るための団体）から発生し，寺院の財政窮乏対策という側面をもちながら，寺院が頼母子親となった。イスラーム教のワクフやキリスト教の兄弟会など，同様

の組織が世界各地で生まれた。組織の結成の仕方によって，その役割や機能の仕方が異なるが，それらに共通するのは，宗教組織が関連していること，そして，相互扶助のための非営利的運営がなされたことである。

　西欧の場合，8～9世紀頃から祈りの組織としての兄弟会（コンフラタニティ）が徐々に認められるようになった。12～13世紀以降，特定の教会を本拠にして，俗人を中心とする兄弟会が増加した。葬儀，祝祭，祈禱，慈善，救貧などの宗教的結社として，宴会を開いて成員の親睦にあたり，相互扶助や公共事業に従事した。兄弟会は職能，地縁，階層など，さまざまな性格を有し，14～16世紀前半に最盛期を迎えた。

　イスラーム圏で，ワクフが9世紀以降，盛んに利用されるようになった。宗教施設はワクフで建設された。ワクフはイバーダート（神に対してなすべき5つの行為）の一つである喜捨（ザカート）の精神に基づく寄進行為である。ワクフというアラビア語は「停止すること」「凍結すること」を意味し，法的にはワクフは「財産から生じる利益を慈善のために永久に充てる」ことを意味し，その財産の所有権の行使を停止することを意味した。

　イブン・バットゥータは1326年，ダマスクスにある無数のワクフの美点を指摘した。ワクフは弱者を救済する機能ももち，壊した商品が高額なため損害賠償ができない従業員に変わって，ワクフの財源が

第 2 章 地縁共同体と世帯家族の成立

用いられることもあった。

　ワクフとして寄進されたモスクやマドラサなどの宗教・教育施設を運営するための財源として，果樹園，商店（市場），隊商宿，公共浴場などの経済施設も寄進された。経済施設の賃貸料を徴収し，非営利施設の光熱費，修繕費，吏員の給料，学生の費用が賄われた。不動産からの一定の収入を社会保障費として利用したことになる。

　寄進財の管理者として，自分の子孫を当てることもできた。ワクフは資産保全の一つの方法として，大いに利用された。寄進の際には，寄進者が自己所有の特定財産の処分を永久に禁止し，ワクフ管理人にその財産の管理を委ねた。寄進者の意思を反映した文書が作成され，それに従って，寄進財が運用された。

　中国では，官僚，士大夫，地主，商人などの富裕層が宗族のために寄付の形で建物や土地を提供する義荘（ぎそう）という組織があった。義荘は北宋の范仲淹（はんちゅうえん）（989〜1052）が郷里の蘇州に設けたものが最初である。范仲淹は「天下の憂いに先んじて憂え，天下の楽しみにおくれて楽しむ」熱血漢であった。この一節から，後楽園という言葉が生まれた。

　義荘は近代の華中，華南に広く分布した。裕福な者の喜捨で成り立っているので，家の存続を目的としているともいえる。家の戦略的な互助組織である。義田で得られた租米が義倉に納められ，族人の生活保障，婚嫁（こんか），喪葬（そうそう），祭祀，勉学などの費用に充てられた。義田は族外の小作人に出租（賃貸）に出された。

d. 入会権

入会地は英語で commons と表現される。現在でも、「コモンズの悲劇」という言葉を利用する理論家がいるが、これは歴史的現実とは異なる。理論家が主張するコモンズの悲劇は、正確には、現代社会の無法地帯の悲劇である。例えば、海は誰の所有物でもないので、マグロの獲得に法的制限がなければ、誰もが先んじて、マグロを獲得しようとする。強欲には限界はない。その結果、マグロは絶滅するであろう。これが理論上の「コモンズの悲劇」である。しかし、これは歴史的事実として、中世のコモンズではありえない話であり、現代社会の失敗の一つを表現している言葉である。

入会地は山間林野を中心として、村民が共同で運営した土地である。日本では「入会」という言葉は『塵芥集』(1536) が初見であると言われている。自然は当初、神のものであった。焼畑は地の神（地祇）、山の神の許可を得て行うものであった。神が自然の占有者であった。神の怒りを買えば、罰を受けた。用益するときにのみ、境界標を示して、特定の公地（国つ神の土地）を占める（標める）ことができた。

しかし、灌漑や溜池の造成によって、7～8世紀頃から、自然は神のものではなく、多くの人が自分のものと考えるようになった。山川藪沢も人間の土地と見なされるようになるとともに、誰もが利用できる土地（公私共利）として存続することになった。日本では、12世紀に荘園化が進むと、山川藪沢も含めて領地となった。

しかし，地祇信仰がなくなるとともに，山野は誰かが先占して，利用している間だけ，その人がその土地の用益権をもち，利用していないときには，無主の土地となった。山野は平時には特定の荘園に属して，その村の慣行に従って利用されるようになったが，漂白する職人や貧民のために常時開放されていて，特に飢饉のときには，誰に対しても開放されるのを原則とした。しかし，山野は平時には，正規の村民だけがその村の慣習に従って利用できる土地であった。

日本では13～14世紀以降，村の慣行に従って，入会山野が利用・維持されるのが法規範となった。世界の各地で，村落共同体の居住地・耕地を取り囲む森林・原野の管理・運用，すなわち入会が始まった。

のちに，入会権が住民による用益権ではなく，転売可能な物権となったとき，コモンズが失われていった。

第3節　流行病と人口

西欧や西アジアで1347年から約3年間，黒死病とよばれる病気がはやった。人口の3分の1ほどがその犠牲になったと推計されている。黒死病はペスト菌によって発生する伝染病で，本来は鼠類の病原菌であった。鼠類にとりついたノミがペスト菌を含む血液を吸って，そのノミが人間にペストを感染させる。

ペストの潜伏期間は1～7日で，発症すると，悪寒をおぼえ，高熱を発し，皮膚が乾燥して，紫黒色を呈するようになる。この皮膚の色を

見て，ペストは黒死病とよばれた。西欧では18世紀までペストがしばしば猛威をふるったが，14世紀半ばの黒死病が最大の規模であった。このときは，空気感染する肺ペストではなく，ノミで感染する腺ペストであったとみられる。

当時のペスト禍の話として有名であるのが，ボカッチョの『デカメロン』(1351)である。ペストによる人口減少が関係すると思われる事件に，フランスのジャックリーの乱（1358）やイギリスのワットタイラーの乱（1381）がある。

★ 豆知識 ★
2010年にNature Genetics誌で発表された，ペスト菌17株のDNA配列の研究によると，ペストは2600年以上前の中国で初めて出現した。

第3章
身分と役割

第0節　身分と役割の意味

　人々は支え合って生きると同時に，怠慢と強欲を正当化しながら生活する。怠慢と強欲は他者へのたかりで実現する。行き過ぎないように，社会によって，正当化の方式が異なる。行き過ぎるときには，戦争や内乱に発展する。

　誰もが納得できる限界を想定し，その限界を超えないように，中世では，身分や役割が正当化理由として作り上げられた。現代，需要と供給で価格が決まり，生活物資が市場で手に入るのと同様に，中世では，身分や役割で生活物資の入手法が決定された。生活を仕切る基準（中世の身分や現代の物価）は，その社会で生きている人には抗いえない自然法則のように見える。

　身分に従って，行動様式が決定される。誰が政治的に主導権を握るのかは身分で決まる。農奴は農奴としての労働を強制される。領主は身分的に，農奴を働かせる立場にいる。労働の現場で，身分は指揮系統の基本原理として機能する。現代では，資本（貨幣）がその基本原理として機能するのと同じである。

　身分は複数作られ，その階梯の上がり下がりは可能である。身分の

中で特定の役割があてがわれ，固定的分業が形成される。中世社会は人々の行動様式や消費パターンを身分と役割で固定して，いつまでも同じ状態を保とうとするが，お山の大将が他者を見下し，よりよい身分（上位の貴族身分）や役割（広く豊かな土地の領有権）を求めて，しばしば争いが生じた。

第1節　荘園制

　荘園制は封建制や領主という言葉とともに，多義的になりがちな言葉の一つである。ここでは，8世紀頃から16世紀頃まで，農村（共同体）を何らかの形式で領有する制度を荘園制とみなす。荘園を領有する人を領主と定義しておく。ただし，中国史のように領主が地主と表現されるときもある。領有は土地の排他的所有ではない。それは大まかな意味でその地域の人々に対する支配権にすぎない。領有の仕方は地代または税金を徴収する権力機構に依存する。

　領有するために，中央政府または政治権力による是認が必要となる。農村や領主のあり方，領有や是認の仕方をめぐって，世界で多数の方式が生み出された。

a. 中国の荘園制

　中国では唐代までは，土地が国有され，個々の農民は均田制で農地を割り当てられていた。均田制は唐の半ば以降崩壊し，宋代には土地

はすべて特定の領主層の土地となり，農民はその下で暮らした。ここでは，均田制崩壊後の，領主層による領有地を荘園とよぶ。

宋代には士人や士大夫とよばれる新興知識人層が支配階層を占めた。11世紀半ば以降，官僚を出す領主は官戸として，職役免除などの特権を享受できた。その他の領主は，唐末以降，形勢戸として，地方末端の行政実務にあたる胥吏となった。農民は佃戸(でんこ)を中心として，身分によって，さまざまな負担があった。

b. 西欧の荘園

西欧では，荘園は領主の直営地，農奴の保有地からなり，農奴は領主に対して賦役，人頭税，結婚税，死亡税などの負担に応じた。農奴は家畜や農具は所有していたが，ほとんど移動の自由もなく，領主裁判権に服した。

このような荘園制は8〜9世紀頃に，その萌芽が見られ，17〜18世紀まで続いたと考えられている。しかし，荘園の中身は時代によって，かなり異なる。

9世紀初頭から，いわゆる古典荘園が始まる。荘園には農奴の保有地と荘園領主の直営地がそれぞれ半ばをしめ，農奴が領主の土地で賦役労働に従事した。11世紀頃までは，西欧各地に荘園が散在し，各地の産物を領主の居住地や市場に運搬する賦役労働も農奴にとっては大きな負担であった。

しかし，11世紀頃からは，地代荘園が多くなった。農奴は直営地で

賦役労働に従事するのではなく、領民が地代を払って土地を経営する地代荘園に徐々に変化した。荘園はしだいに一円的となり、荘園領主、あるいは、もっと広い範囲を統括する裁判領主が特定の領域を支配する形式が採用されるようになった。

12～13世紀頃から、荘園裁判所が設けられるようになり、その判例が荘園の慣習法として理解されるようになった。

c. イスラーム圏のイクター制

西アジア史で、「荘園」という用語は使われていないが、ここでは、イクター制を荘園制と類似の制度として、考察の対象とする。

イクターは初期イスラームの時代に、アラブ戦士に対する分与地として成立し、私有が認められた。イクターには所有のイクターと用益のイクラーがあるが、アラブ戦士は所有のイクターが分与された。しかし、10世紀以降、イクターは用益のイクターとなり、領主の部下や代理人が農村で過酷な徴税を行った。イクター制は徴税権が与えられただけであった。

軍人には当初、俸給（アター）が与えられていた。アラブ戦士のアターはアッバース朝カリフ、マームーン（在位813～833）の時代に廃止された。その頃には、マワーリー（非アラブ人ムスリム）やテュルク系の軍人たちに、アターが支払われていた。軍事イクター制は946年、ブワイフ朝（932～1062）がイラクを征服した際に、アターの代わりに与えたのが始まりである。

ブワイフ朝はスルタンの私領地や民間の私有地での政府の取り分などをイクター（「切り取り」という意味→徴税権）として，軍人に授与した。イクター保有者は徴税権を行使し，その対価として，軍事奉仕を遂行した。

イラクやイランに広まったイクター制はセルジューク朝（1038～1194）時代にシリアに拡大し，サラーフ＝アッディーンがエジプトに導入した。15世紀以降，イクターは私有地（ミルク）や寄進地（ワクフ）に変わった。

第2節　農民の身分

第1項　佃戸制，農奴制の始まり（761～970）

a. 均田制崩壊と佃戸制

中国では安史の乱（755～763）の頃に均田制が崩壊した。均田制は485年から約3世紀続いた制度であった。均田制とともに，租庸調制

★　豆知識　★
　安史の乱はソグド人系の武将安禄山（705～757）父子と史思明（？～761）父子が中心となって，唐朝に反旗を翻したものである。安禄山は玄宗皇帝の信任を得て，北辺の3節度使（范陽，平盧，河東）を兼任していた。楊貴妃の一族，楊国忠と安禄山の対立が軍事的衝突となり，反乱と位置付けられた。

も崩壊し，土地の私有が認められるようになった。

中国の地主・領主層は荘園を小作人である佃戸に耕作させ，収穫の約半分をおさめさせ，各種の労役を課した。この形式の地主佃戸制は元朝ではさらに形式がととのい，清朝末までつづいた。

佃戸は基本的には土地を媒介として，契約によって地主と結びついた不自由人である。佃戸は地主と賃貸契約（租契（そけい））をかわして，地主の土地を耕した。租契では，佃客身分が成立して，「主佃の分」が生じた。佃客には移転の自由があった。他方，典契・雇契では雇傭人（こようにん）身分が成立し，雇主との「主僕の分」が成立した。

佃戸は特定の1人の地主と主佃の分を結んだだけでなく，数人の地主の土地を小作することも珍しくなかった。佃戸の中には自ら土地を保有し，地主の土地も小作する自・小作の佃戸もいた。佃戸は家屋・耕牛・農具・種子・食料などを所有して，自立再生産が可能であった。

しかし，佃戸の中には，何ら生産手段をもたず，全面的に地主に依存するものもいた。そのような佃戸は地主から田地，家屋，農具，牛，穀種などを借りる。佃戸の小作料には毎年定額をおさめる定額租と収穫の5〜6割を主家におさめる分益租があり，一般に収穫の5割から6割であった。生産物ではなく，銭納＝貨幣地代の場合もあった。

b. 西欧の農奴制

西欧では領民は自由な農民と不自由な農奴からなっていた。農奴は各種の労役に従事したが，中でも週賦役がもっとも有名である。1週

間に3日ほど,農奴は領主の直営地で無償の農作業に従事しなければならなかった。この週賦役の他に,農奴はビールの醸造やパン・衣服などの日常の必需品をつくる製造賦役や農産物を運ぶ運搬賦役なども課せられた。収穫期に飲食物などが提供される恩寵賦役もあった。

第2項　佃戸制,農奴制の発展（971〜1180,1181〜1390）

a. 一田両主

　中国では宋・元の時代から徐々に始まった一田両主という土地慣行がある。これは明代末以降,華中,華南に普及したが,土地紛争を招くので,清代中期に禁止された。しかし,現実には20世紀まで残ってしまった制度である。

　対象となる土地は一つである。その土地に対して,複数の権利が絡まる。収租（小作料徴収）権者,耕作権者などが,それぞれ独立の業主として理解されている状態である。関係者が3人いれば,一田三主となる（一つの田に対して,3人の業主が関係している状態）。収租者の所有物は田底や田骨とよばれる。耕作者の所有対象は田面や田皮とよばれる。一方の業主は他方の業主の干渉を受けないで,任意にその権利を処分できる。経済的には収租者は地主であり,耕作者は佃戸である。この土地慣行は,土地の改良・開墾に費やした元手を誰が,どれほど負担するかの争いから生じたものと思われる。

業は生活するための仕事，すなわち生業を指す。人は社会的地位に従って生活し，さまざまな源から得られる収入を消費する。宋代以後，「産業」という言葉は不動産を意味し，それを用益する者を業主と表現するようになった。業主が田を用益する権利は，物権（特定のモノを支配する権利）ではないので，所有権にはならない。それは事実上の所有権ではあっても，皇帝をトップとする階層秩序の中で，自分のものとして，使用・収益することが認められた身分的権利にすぎない。

b. 西欧の隷農制

賦役労働から地代支払いへの歴史的変化の過程で，定地賦役の導入が注目される。定地賦役では，特定の農奴に一定の領主直営地の耕作を割り当てた。農奴は自分の責任で耕作・経営し，収穫物を領主に収めた。

12世紀以降，農奴制は衰退し，賦役を負担する農奴ではなく，地代を負担する隷農へと，その性格がしだいに変化した。この過程を賦役の金納化（commutation）という。隷農は世襲的に保有地を維持し，保有地には生産物か貨幣で地代が課せられた。

英国法では土地との関係に2つの形式が認められた。保有（tenure）と身分（estate）である。テニュアもエステイトも現代では，全く違った意味で用いられる。保有は，国土の唯一の所有者としての王を頂点として，階層的・人脈的に認められる権利である。一方，身分は国政

レベルであれば，貴族や聖職者，平民という身分を指す。土地との関係では，身分は特定の土地を使用・収益できる経営者として認められている人の社会的権利を意味する。近代の英国では地主がもっている土地は身分が物権化された形で，所領（estate）となる。

第3項 小作制度（1391～1600）

a. 中国の佃戸制

中国では，この時期，湖水を埋め立てたり河床を囲いこんだりした圩田（うでん），湖田，囲田などの新開発田を除くと，先進地の田地の一区画は著しく細分化された。16世紀頃から，農村では，地主と佃戸の対立が激しくなり，小作料不払い（抗租）の運動がしばしば生じた。

b. 西欧の小作制

イギリスでは，1381年のワット＝タイラーの乱以降，農奴解放が進み，15世紀には農奴ではなく，慣習保有農が中心となった。中でもその権利が強固であったのは，荘園裁判所に土地登記がなされた謄本保有農である。この状態はイギリス革命（1640～60）頃まで続いた。

農村には謄本保有農を中心とした村落秩序が形成された。農民は連帯責任を負ったので，逆に，領主に抵抗するときも，団結してあたった。地代闘争は16世紀半ばまで盛んに行われた。

謄本保有農の子弟は農業労働が可能になる14～15歳頃に，実家か

ら出ていき，他家で農事奉公人として，農業実務を学んだ。16世紀半ばには農事奉公人の法定市がたつようになり，農事奉公は18世紀まで続いた。

謄本保有農はたいてい30エーカ前後の，一家族を養うに十分な土地を保有していたにすぎなかったが，その中には，広大な面積の土地を借地する者も現れ，100エーカ，ときには200エーカをこえる土地を借地する者も現れた。このような裕福な農民はヨーマンとよばれた。

第3節 奴隷制

隷属民の中には，奴隷も存在したが，中世は古代と異なり，奴隷制は隷属の一つの形式にすぎなくなっていた。

a. 西欧の奴隷制

英語のslave（奴隷）の語源はスラブ人（Slav）であると言われる。スラブ人は東欧の住民で，ロシア人，ブルガリア人，ポーランド人，チェコ人，などからなる。9世紀頃に，スラブ人が大量に奴隷化された時代があった。

イタリア諸都市が本格的に黒海交易を開始した13世紀から大航海時代が始まる15世紀頃までは，地中海沿岸各地に奴隷，あるいは，奴隷に近い隷属民がみられる。中央アジア，コーカサス地方，ロシアな

どから黒海の北岸に到達する商品の中に奴隷が含まれていた。イタリアはこの奴隷の他に，イスラーム教徒やアフリカの黒人を奴隷として利用したが，奴隷の多くは，商人の家の中で，家内奴隷として働いていた。

　大航海時代以降，アメリカ大陸の先住民をどのように処理するかで，さまざまな議論が生じた。スペインの僧侶セプールベダは，インディオは理性をもたないので，生まれながらにして奴隷であると論じた。それに対抗して，ラス＝カサス神父は，インディオはスペイン国王の臣民であると応じて，その奴隷化に反対した。当時，もっとも権威のあった神学者であるビトリアは1539年の「インディオについて」の特別講義で，インディオは彼らなりの理性を行使しているので，真の所有者であり，したがって，インディオに所有権があるとすると，インディオは奴隷ではないと論じた。

　封建的所領（荘園）や，レコンキスタの過程で生まれてきて，アメリカ大陸で活用されたエンコミエンダは所有権を意識させる。13世紀半ばに作成されたカスティリアの七部法典（Sietepartidas）以来，西欧では土地は個人か国家の所有権のもとにあると理解されるようになった。

b. イスラームの軍人奴隷制

　イスラームの軍人奴隷はマムルークとよばれ，馬上の奴隷たちと見なされた。エジプトでは軍人によってマムルーク朝（1250〜1517）が

成立した。マムルークはイスラーム法の中では「男奴隷」を意味するアラビア語であり，最初は白人奴隷兵を指していた。この場合の白人は西洋人ではなく，トルコ人，スラブ人，ギリシア人，モンゴル人などをさし，黒人と区別する概念であった。

アッバース朝のカリフ，マームーン（在位813～833）は400人のマムルークに身辺の警護と政務の処理を任せていたと伝えられる。サマルカンドには奴隷市場があり，奴隷1人，銀貨1万～2万ディルハムであった。君主や軍団長は奴隷商人を通じてマムルークを購入した。14世紀頃には，中央アジア，コーカサスからの奴隷がバグダードで2万～4万ディルハムで取引され，14歳未満の少年が大半を占めた。軍事訓練を卒業して，兵士になる時，改宗してムスリムとなり，奴隷解放される。

c. ザンジュの乱

ウマイヤ朝からアッバース朝にかけて，カリフ一族やアラブの有力者は囲い込み，開墾，購入で，ダイヤ（私領地）の獲得と拡大につとめた。遠隔地貿易に従事した商人（タージル）もダイヤの経営に積極的だった。

アッバース朝時代に南イラクにはダイヤが集中し，小作人や農業労働者を用いて，コムギ，稲，サトウキビ，アマ，ナツメヤシ，綿などの商品作物を中心とする農業経営が行われた。塩害がひろがったため，

客土の形での土地改良事業が必要になった。その労働力として，黒人奴隷のザンジュが導入された

　ザンジュは東アフリカ，ザンジバルの省略形である。ダイヤ所有者は東アフリカから奴隷商人の手を経て，ザンジュを購入した。ザンジュの数は南イラク全体で100万人近くもいた。ザンジュは奴隷身分からの解放の見込みはなく，粗末な小屋に住んだ。食事は，ナツメヤシの実と粗挽きのコムギだけであった。

　イスラーム以前から，アラブ社会では，解放された奴隷は自由人になるのではなく，もとの主人の庇護民とされ，主人の家にとどまることが多かった。

　869年9月，イラン生まれのアラブ人，アリー＝ブン＝ムハンマドに率いられて，ザンジュが反乱をおこした。南イラク一帯が「ザンジュの国」の支配下に入ったこともあったが，883年，アリーが処刑され，奴隷反乱は鎮圧された。この反乱でアッバース朝の威信が崩れ，イスラーム体制の転機となった。

第4節　都市の労働観

a. ギルド制

　西欧では，10世紀頃から，商人が中心となって，商業ギルドが結成されるようになった。この大きな目的は商人同士の助け合いであり，裁判や冠婚葬祭などで，まるで兄弟がするように，構成員が相互扶助を

実現する組織として，ギルドが生まれてきた。

13世紀頃になると，商人は都市内の門閥的な存在になり，その下で働く手工業者を保護する制度が必要になった。手工業者は同業組合（ギルド）を結成した。ギルドでは，製品の量・価格，労働時間が規制され，非組合員の営業が禁止された。親方，職人，徒弟といった職業階梯をのぼり，手工業技術が習得される教育制度がととのった。

徒弟期間は3〜7年程度のものが多い。徒弟奉公が終わると，技術を磨くために，手工業者は臨時雇いの職人として，各地を遍歴する場合もあった。技術に磨きがかかったのを証明するための親方作品(masterpiece)を提出し，それがギルド親方たちに認められたら，原則として，ギルドの親方として独立の営業が認められるようになった。

中世のギルドは共同体の法で生産を独占しようとした。ある商品の生産を認められているギルドでなければ，その商品を生産してはならない。この独占は郊外の農村にも及んだ。それは禁制領域とよばれた。

ギルド構成員は一定数に決められていた。これは同業者が過当競争で共倒れしないようにという配慮であったと考えられている。ギルド内部の構成員には，原材料の購入，製品の販売，労働時間，徒弟・職人の数，道具類が細かく規定された。

b. 労働倫理

ルター（1483〜1546）が贖宥符を攻撃して，1517年に提起した『95か条の意見書』から西欧の宗教改革が始まった。1536年のカルヴァン

(1509〜1564)の『キリスト教綱要』(1536)で,宗教改革は一つの完成を見た。宗教改革の一環で,ドイツでは農奴制廃止が要求され,農民戦争（1524〜1525）が勃発した。

　フランスのカルヴァンは魂の救済が神によって定められていると説き（予定説），救いを信じて職業にはげむのは神の意思にかなうと説いた。その結果,富が形成された。プロテスタンティズムの倫理観は中世の修道院の「祈り,働け」という標語を受け継ぎ,時間に合わせた規則正しい生活を行い,隣人愛の実践として労働を重んじた。

第4章
中世の地域主権

第0節　中世の公領域

　古代ローマ法では，公はローマ帝国を意味し，道路や橋を公共財として理解した。ローマ帝国が滅亡して，この概念は不明確になったが，ローマ法の継受とともに12世紀頃から，道路，橋，河川，運河等が公共財として意識されるようになった。

　各地域は国王を中心とした支配領域をもつようになり，国王と対等な貴族層が在地で勢力をはった。中世の第1期（761～970）に，公共財の管理主体である地方が権力をもった。地方分権が中世の合い言葉である。しかし，中央は，国王中心の体制を確立するため，中央集権的な官僚制を整備した。中世第2期（971～1180）に，中国では，宋の建国者，趙匡胤（在位960～976）が殿試をはじめた。殿試は科挙試験の最終段階として，皇帝による面接試験である。皇帝直属の官僚を採用して，皇帝独裁権の強化がねらいであった。中央（王）と地方（貴族）をつなぐ機構が西欧では，封建制とよばれた。

　中世第3期（1181～1390）に発展した封建制も長続きはしなかった。在地の勢力は血筋ではなく，地域の領有に傾斜していき，しだいに領主となった。領主が各地方を統治するようになり，有力な領主が国内

の各地に台頭するようになった。これらをまとめる力として，再び国王が政治権力を統合して，中世第4期（1391〜1600）に絶対王政の確立とともに，中世は終わりを迎えた。

第1節　中世都市

10世紀以降，世界の各地で，地方市場を拠点として，新たな都市が誕生した。都市に人口が密集したが，中世の都市は市場を運営する役割を担っている点に，その性格が現れている。都市を類型化した場合，市場だけでなく，都市によって，役割が異なることが理解できる。ここでは，まず日本的な都市類型をとりあげる。

a. 都市の類型

日本では都市の性格で，城下町，門前町，宿場町，港町，在郷町などと区別されることが多い。城下町は政治権力の所在地としての都市であり，権力を防衛する軍隊の所在地でもある。そのため多数の官僚と兵士が居住し，法律家・医師・職人・芸人・娼婦なども生活する。彼らの生活に必要な物資を供給するために商人・倉庫業者・運送業者なども都市に集まる。城下町は領主・大名の居所であり，防衛施設としての城を中心に都市が建設される。

門前町は世界史的に表現すると，神社・寺院・大聖堂・修道院などの宗教施設を中心として，一群の神官・僧侶・尼僧や，多数の信者が

居住し，周辺に医師や商人が居住する。宿場町は交通や通商の要衝としての都市で，人や物の輸送の中継地として機能する。ここでは，交通施設，倉庫，宿泊所，通信施設などが必要となる。

港町の「みなと」は元来「水の門」の意であり，「みと」と略称される。港町は古代からあり，津、泊、湊などとよばれた。港を中心にした商業・経済活動の勢力が及ぶ地域を港湾後背地または単に後背地という。

在郷町は地方農村の商工業や交通の中心として発達した商業都市である。在郷町の人口は5,000〜10,000人ほどであった。

世界の中世都市は大きく，政治・軍事・宗教の拠点としての城塞都市（城下町・門前町），海上・河川交通，陸上交通の中心地としての交通都市（港町・宿場町），地方市場の拠点としての市場町（在郷町）に分類できる。一つの中世都市はしばしば，これらの性格を同時にもつ。

都市の人口は中世西欧で1万人をこえれば，大都市と見なされていたが，アジアでは，1万人は中規模の都市にすぎない。時代は異なるが，黒アフリカでも中世の西欧と同等の人口規模を擁していて，1800年頃，エチオピアの首都ゴンダルが6〜7万人を擁する大都市であったし，カノ，セグ，トンブクトゥ，ベニン，クマシ，イフェ，オールドオヨはすべて，1万人以上の住民を抱えていた。

b. 中国の中世都市

秦・漢から清まで中国は1,300〜1,600ほどの県城とよばれる城郭都市が存在した。都市は高い堅固な城壁にとり囲まれた。秦・漢時代，城郭の民と表現された漢民族は，行国の民（遊牧民族）と区別され，城郭は文化をもつ漢民族の象徴であると意識されていた。中国でも，城郭は都市と農村を分ける最大の標識となった。

宋代（960〜1279）に官僚の母体をなす郷紳層が，農村に居住地を移した。郷紳は士大夫・紳士であるが，郷里で地域社会の指導者になった人々である。

県城の所定の場所に拘束されていた商工業は城外に活動を拡げ，廂とよばれる城門外の商業区が生まれた。

南北朝（439〜589）の頃，県城の官設の市の他に，城門外や地方の村に草市（農村市場）が生まれた。唐の法律では草市は法禁の対象となっていた。五代の頃（907〜960），節度使配下の鎮将や鎮使が所轄内の警察・裁判・徴税の権利を握ったとき，多くの草市が鎮市となった。宋代には，草市や鎮市が盛んに建設され，農村市場が栄えた。市場は十干十二支の特定の日に開く定期市が多かった。市場は2〜5kmほどの間隔で各地に作られた。

★ 豆知識 ★

士大夫は儒教の「王，侯，大夫，士」という支配層のうち，下2つを口調よく転倒させた用語。貴族に代わって，士大夫が宋の支配階級になった。

11世紀半ばに鎮市の数は1,800を数えた。鎮市の人口は5,000人から2万人ほどであった。代表的な鎮市として，景徳鎮（陶業），仏山鎮（日用鉄器），臨清鎮（運河都市）等がある。中には，上海のように1290年までは鎮，その後，県城，そして，1843年には条約港に発展した都市もあった。

中国の聚落形態は行政機能をもつ城郭都市，商業機能をもつ市鎮，農業機能の村落の三本立てになった。宋代に城壁が各地で建設され，街路や上下水路が整備された。井戸も掘削され，汚物処理場が整備された。西欧での本格的な都市整備は19世紀に行われるが，中国では，宋代に行われた。

北宋の都・開封（かいほう）は周囲30km，人口150万人で，華北と江南を結ぶ大運河が黄河と交わる交通の要地にある。商店，娯楽施設が早朝から夜間まで営業し，庶民の熱気で満ちていた。当時の開封の繁栄を物語るものとして，清明上河図（せいめいじょうかず）が有名である。

★　豆知識　★

景徳鎮郊外に高嶺山（カオリン）があり，それが磁器の原料の名前（カオリナイト）になったほど，景徳鎮は磁器生産の中心地である。景徳鎮は東晋時代（317～420）には鎮（昌南鎮）になっていた。遅くとも10世紀までに窯業生産が開始され，白磁が焼かれた。景徳年間（1004～1007）に年号をとって，景徳鎮と改名した。

c. 西欧の中世都市

 西欧では，キウィタス (civitas) が中心となって，中世都市が発展した。キウィタスはもとローマ帝国が認めた先住民の居住地である。ローマはキウィタスの他，コロニアとよばれる，ローマ軍団による植民都市も建設した。

 ローマの都市，キウィタスでは，3世紀以降，帝国から都市に派遣された都市監督官が都市の保護者となり，水道や道路建設を行って，都市を整備した。5世紀以降，これらの都市に司教が派遣され，キウィタスは司教都市という意味をもつようになった。

 カエサルの『ガリア戦記』(前58～前51) でルテティアとよばれる町にはケルト系のパリシー族が暮らしていた。この町はキウィタスとして認められ，シテ島を中心に都市が建設された。これがパリである。のちにフランス国王フィリップ・オーギュストは十字軍遠征に赴く直前に，パリに市壁を建設して，都市の防備性を高めた。パリは19世紀に市壁が取り壊されるまで，人口増大に応じて，8回，市壁が建設された。

 キウィタスの近隣には，ブルク (burg) とよばれる防衛施設・城がつくられた。とくに，9～14世紀には，ヨーロッパ全域で，王侯貴族の石造居城がブルクとよばれる。ブルクは世俗世界の政治・軍事の拠点となり，まさに城塞都市となった。

 ヨーロッパの多くの地方で，12世紀前後の時代に，小規模な中世都市が簇生した。その多くは道路や河川の要地に誕生し，修道院を設置

し，市場が運営された。

d. 東南アジアの港市国家

東南アジアの都市に関しては，港市国家として，3つの類型が提唱されている。一つは内陸部の政権が港市を支配する形であり，マジャパヒト王国，マタラム王国，アユタヤ王国がこれであった。アユタヤ市はバンコクが起こるまで，港市国家の拠点であった。17世紀には，タイ山地の蘇木，沈香，錫，鹿皮，米を集め，中国から磁器，インドから綿布を買った。

港市国家の第2類型は港市と政権が一致するもので，香料群島の港市がその例である。

港市国家の第3類型は港市に存する政権が周辺の内陸を支配するもので，パレンバン王国，アチュー王国，バンタン王国がこれに該当する。

パレンバンとバンタンはインド方面から香料群島にいたる東西方向，日本・琉球・中国商船による南北方向の結節点を占めた。王の居城であった港市には貴族も住み，海軍が駐屯し，外国商人がそれぞれの居留区（カンポン）に住んだ。

e. イスラームの中世都市

乾燥地帯に属する中東の都市は，水を得る必要から，大河の流域や平原のオアシスに存在する。ティグリス川やナイル川は灌漑水や飲料水を供給するだけではなく，交通路としても重要な役割を果たしてき

第4章 中世の地域主権

た。また各地のオアシスを結ぶルートも古くから隊商路（キャラバン・ルート）として用いられた。

　都市はアラブではマディーナやミスルといい，イランやトルコではシャフルとよぶ。イスラーム時代の都市には，ダマスクスやアレクサンドリアのように古代オリエントの都市をそのまま継承したものもある。638年に建設されたバスラ（イラク）や，642年建設のフスタート（エジプト）のように大征服の過程で軍営都市（ミスル）として建設されたものもあった。シーア派の聖地であるカルバラー（イラク）やマシュハド（イラン）のような宗教都市もある。

　都市の住民を階層別にみると，大きくハーッサ（特権層）とアーンマ（平民）とに分かれる。ハーッサはカリフあるいはスルタンとその一族，マムルークなどの軍人，大商人，高級官吏などからなっていた。彼らの多くは都市に居を構えると同時に，村にも私領地や果樹園を所有し，そこに土地経営のための館をもつ者もあった。軍人は広大な私領地やイクターを所有した。大商人は奴隷貿易や香料貿易に従事した。彼らはその富を都市にもたらし，その財産を基礎にモスクやマドラサを盛んに建設した。マドラサではウラマーによって法学が伝授された。幾つかのマドラサで教授を経験した後，政府の行政職に就く。最後に，カーディー（裁判官）となった。アーンマは異教徒も含めて，市場の商人や職人，荷かつぎ人夫，召使い，馬丁など多様な人々からなっていた。9世紀以後になると，このハーッサとアーンマの中間に，法学者，裁判官，などからなるウラマー層が徐々に形成されていった。

10世紀頃のバグダードの人口は30～70万人，14世紀のカイロは20～30万人，16世紀のイスタンブルは40～50万人であった。その他の中東の多くの都市は数万人から数千人の規模で，これは中国の鎮市やヨーロッパのいわゆる中世都市と同規模である。都市人口は全人口の25～30％ほどであった。

都市にはスーク（ペルシア語でバーザール）が付属した。スークは複数の店舗が集まった市場のことである。規模は十数軒から数百軒のものまであった。スークは業種名，地名，人名，民族名などを冠してよばれた。16世紀のダマスクスでは市内46，市外58，市門周辺35のスークがあり，衣類，銅，ナイフ，皮革などの各種のスークが並んだ。市場はムフタスィブ（市場監督官）がその安全を守った。市場の商人・小売商の安全のため，彼らは市場を巡回し，店舗を監督し，量目を検査し，他人を騙すことのないよう，査察を行った。

第2節　中世の道路建設

西欧では，カロリング朝（751～987）の王たちは道路網の維持に注意を払った。宮廷が国内を移動していたので，そのための道路が必要であった。1行程の距離毎に修道院を建設し，これに宿泊機能を兼ね備えさせた。

カロリング朝の創始者ピピン3世（在位751～768）から東フランク王カルルマン（在位876～880）に至るまで，旅人はすべて皇帝の特別

第4章　中世の地域主権

な平和庇護を受けることが，繰り返し布告された。10世紀頃から，巡礼の道が必要になった。ヨーロッパでは，イエルサレムとローマの他，スペインのサンチアゴ・デ・コンポステラが聖地として有名である。後者では，聖ヤコブの遺骸を納めた墓の上に教会が建立された。

街道は国王の所有権のもとにあるとされ，「王の道」ともよばれることがあった。河川も国王の支配下にあると考えられていた。1158年神聖ローマ皇帝フリードリヒ1世（在位1155～1190）は，ロンカリア立法で公道と，航行可能な河川とその支流が皇帝の支配権下にあることを宣言した。しかし，フリードリヒ2世（在位1215～1250）は1235年のマインツの平和令（ラントフリーデ）で，街道に対する権利を放棄した。以降，街道は領主や領邦君主の責任下に置かれることになった。領域君主が関税や通行税を徴収し，旅人を護衛する役割を担った。

荘園領主が負った三大義務は，防衛，城塞建設，道路・橋梁の修復であった。荘園領主は荘園内居住者に道路管理の義務を賦課・配分し，荘園裁判所で調整した。荘園領主による道路管理は修繕能力が低く，最低限を維持するにすぎなかったのに対して，修道院や都市の管理は修繕能力が高かった。

貧民・病人に対する施し，旅人への援助の形で，神に対する奉仕として，教会や修道院も道路を修繕した。司教が免罪符を与えて，道路を修繕させた場合もあった。

通行税徴収権は本来，皇帝が掌握していた。それが諸侯や都市の権利となり，領域の支配者が税関を設けて，通行税を徴収した。通行税徴収の正当化理由は道中の安全を確保するものであった。領主は関税収入の増大や商取引の活性化などのために，街道の整備に力を注いだ。道路の整備や修理は近隣の共同体に課されていた。

第3節　徴税と領域

a. ヨーロッパの封建制

ドイツでは神聖ローマ皇帝の統治権や主権をレガールと表現した。このレガールという権利には，関税徴収権，貨幣鋳造権，市場開設権，鉱山採掘権，裁判権，役人の任命権，森林収益権などの権利が含まれていた。皇帝は領邦国家が確立されるに従い，この多くの権利を領邦国家に委譲した。

領主は一定の領域を支配するようになった。フランスでは城主の支配領域がシャテルニーとよばれた。一つの城の支配領域の平均的な大きさは，城を中心に半径10 km程度であったと推定されている。

フランスでは，11世紀までに，封主に対して封臣が封 (feodum) に基づく奉仕を行うようになり，12世紀には，王→諸候→城主→村落領主といった階層序列も明確になった。この過程で，封も終身であったのが，世襲化するようになった。この封建王政では，主君が臣下に封土を与え，臣下は主君に忠誠を誓って軍役に奉仕し，法廷に参加する

という主従関係が結ばれた。

10世紀末からバン領主権が発展し、戦士と一般住民の区別が明確になった。農奴ではない自由な農民も、バン領主に対する負担を強いられた。バンは粉ひき水車、パン焼き窯、ワイン圧搾機などを住民に強制使用させる権利として理解される。11～13世紀頃は封の世襲相続が確立し、西欧は封建社会となる。

b. オスマン帝国の官僚制

オスマン帝国では、スルタンを頂点に置く、統治機構が作られた。軍事・行政では、大宰相とそれを補佐した財務長官や国璽尚書が、州、県、郡、町・村を統治し、司法では、イスラーム長官が、軍人法官、裁判官（カーディー）を管理する形式が整った。

官僚養成制度として、14世紀頃、バルカン地域の農村の少年をイスタンブルに連行し、官僚や軍人として育成するデヴシルメ制度も生まれた。強制的に徴用されたので、批判もされたが、これでエリートが養成された。

徴税制度としては、ティマール制が用いられた。在郷騎士（シパーヒー）は軍務をスルタンに提供する見返りに、俸給や租税徴収権を与えられた。徴税権は高額なものから順に、ハス、ゼアメト、ティマールとよばれた。シパーヒーは農民から租税を受け取り、農村を管理した。与えられた封土（イクター）は国有地（ミーリー）であって、ワクフ地や私有地（ミルク）ではなかった。その土地で裁いたり、土地を所

有したりする権利は与えられなかった。軍事・行政と司法は厳格に区別された。

土地は特定の所有者に帰属する私有地の場合, シャリーア(イスラーム法)が適用されたが, 国有地の場合, 国家はカーヌーン(行政法)でそれを運用した。その他, 入会地や公用地等の共同利用地の場合には, 慣行であったり, カーヌーンが適用されたりした。夏営地, 冬営地, 放牧地, 脱穀場, 森林などが遊牧民や農民の共同利用地と考えられた。

c. 中国の財政制度

宰相楊炎が780年, 両税法を施行した。両税法では, 物納制と銭納制に分けて税金が徴収された。納税者は税戸, 主戸等とよばれた。無産の農民は浮客, 客戸とよばれ, 課税されなかった。

物納である土地税は面積に均率で課された。オオムギ・コムギを収穫する場合には夏税を6月末までに, 粟・米を収穫する場合には冬税を11月末までに収めた。銭納は, 税戸の資産を9等級(のちに5等級)に分け, 均率賦課した資産税で, 夏・秋の2期に徴収された。

両税法が施行された780年には, 米麦が約600万石, 銭納が約3,000万貫であった。この収入の3分の1は中央政府に納められ, 残りは藩鎮経費, 州県の行政経費となった。

税額の総量は「量出制入」(支出を量って, 収入を制する)を原則として, 徴収された。銭納のため, 換金を急いで, 物価が下落したり, 悪徳商人が買いたたいたりして, 弊害が大きかったので, 809年に物納

も一部，認められた。さらに，11世紀には銭納原則は放棄され，**物納が原則**となった。

　1069年以降，地方の官僚であった王安石（1021〜1086）が抜擢され，国家の財政と軍備をたてなおすため，青苗法や募役法など新法とよばれる改革を行った。しかし，司馬光（1019〜1086）ら保守派の官僚・大地主・大商人の反対にあって，新法による改革は中止された。
　地方行政の末端で働いたのは，無償で徭役労働に従事した地主や農民であった。官僚と現場の労働者の間に，胥吏または吏人とよばれる実務官僚がいた。実務官僚は財務や法令等に通暁していたが，俸給は定まらず，役職から収入を得た。「君側の奸」的発想で，遠くの上位者を善とみたがる庶民には，目の前の胥吏は悪者に見えた。

　中国の明朝では，当初，財政は現物主義であった。穀物や飼料等，物品に関しては，税を現物で徴収して，政府当局もそのまま消費した。官庁が必要とする労働力も，人民から挑発した。朱元璋（洪武帝：在位，1368〜1398）政権は，糧秣や兵器など，現物の調達をもっとも緊要の課題とする軍事集団であった。
　明朝は現物を取り立てるため，土地の調査（丈量）や人民の調査を行った。そのため，魚鱗図冊や賦役黄冊が作成された。この台帳に基づいて，土地から税を徴収し，人から労働力を挑発した。徴税法は唐末以来の両税法が続いていた。

農民は税をとる民戸と兵士をだす軍戸に分けられた。軍役を担うものと，税を払って，軍役を逃れるものといった，民の二重化が14～16世紀の特徴である。民戸は里甲制，軍戸は衛所制に組み込まれた。政府は耕地の所在を確認する土地台帳（魚鱗図冊）や，住民・徴税台帳（賦役黄冊）をつくって，徴税を徹底した。

税金は両税法で徴集した。生産力の高い江南デルタ，蘇州一帯の広大な水田を「官田」として，政府の管理下に置いた。通常よりも高い税率で租税が徴収された。田賦（土地税）は夏税秋糧（かぜいしょうりょう）とよばれた。夏税は麦，秋糧は米（水稲栽培地），粟（華北畑作地）を意味する。南方の水稲2期作地帯では，夏税に米，田賦として製糸・絹織物などの手工業製品が徴収されることもあった。

15世紀に，現物納の代納が始まった。1433年，江南の官田の税収を米1石につき銀2銭5分で代納させた。15世紀末には，労役負担の一部の銀納化も始まった。16世紀には江南デルタや福建沿岸地方を先頭に，農民経営の商業化が進行した。16世紀後半，両税法にかえ，地税と人頭税をまとめて銀でおさめる，一条鞭法という税制が始まった。

第5章
金属貨幣と紙幣

第0節　市場で利用された貨幣

a. 秤量貨幣

貨幣の素材は中世以来，金属と紙であった。金属の貨幣は硬貨とよばれ，紙の貨幣は紙幣とよばれる。硬貨は秤量(しょうりょう)貨幣と計数貨幣に分けることができる。秤量貨幣は重さを量って，その価値を決めるもので，たいてい金や銀を素材とする。形は延べ棒でもいい。日本の金錠・銀錠や丁銀(ちょうぎん)・豆板銀(まめいたぎん)も秤量貨幣である。もっとも有名な秤量貨幣は中国の馬蹄銀(ばていぎん)で，重さ50両（約1.8 kg）であった。秤量貨幣は贈与や卸売で用いられることが多い。

b. 計数貨幣

計数貨幣はその重さが記載されている貨幣である。計数貨幣は額面と中身が違うと，重さを偽っていることになるので，その純度が問題になるが，純粋に近ければ，良貨として市場で通用した。計数貨幣として，金貨や銀貨が有名であるが，銅貨や鉄貨などのように，地域の小売市場で流通した貨幣もある。

第2編　中世経済史

c. 紙幣

素材が紙でできている，価値ある証券として，小切手や為替手形のように，その発行者の名前がわかる特定の取引契約の証票の場合もある。しかし，それが貨幣とよばれるようになるためには，発行者が特定の人ではなく，少なくとも特定の組織であり，硬貨と同様，誰でも受け取り，商品と自由に交換できるものでなければならない。紙幣の中には，政府・行政機関が発行するものと，銀行や商人が発行するものとがある。

d. 中世の貨幣の現場

古代世界で通用した貨幣はほぼ硬貨に限られた。中世でも，金貨，銀貨，銅貨が各地で利用され，中国では鉄貨も利用された。日本では，鎌倉・室町時代に宋・明から渡った渡唐銭(ととうせん)が良銭として流通する一方で，各地で発行された私鋳銭が鐚銭(びたせん)として，流通した。

地方の小売市場では，政府公認の良貨でも，地域が必要な悪貨でも，通用力（一般的受領性）があれば，それでよかった。通用力は，その貨幣を用いて取引できる力のことであり，租税の支払い手段として受け

> ★　豆知識　★
> 　渡唐銭には唐の開元通宝や明の永楽通宝もあったが，11世紀に製造された北宋銭が多かった。なお，鐚銭は中国や日本の私鋳銭で，16世紀後期から江戸時代に使用された悪質な銭貨。織田信長時代から畿内で「びた」とよぶようになった。

入れられる力である。その地方において、支払い手段、計算手段、価値貯蔵・維持手段として、特定の硬貨が貨幣として信頼されていれば、それでいい。それは、言語と同じで、その地方では、はっきりと理解されていた。このような地域的な小売市場圏では、銅貨や鉄貨を中心とした低額の鋳貨が利用されたと推量される。

しかし、金・銀の硬貨にかわって、遠隔地交易に従事する商人を中心として、為替手形の利用も始まり、中国では紙幣も利用されるようになった。多くの地方の金貨は現在の価格に直すと、金貨1枚で数万円程度になる。小売市場では金貨1枚あれば、たいていお釣りがくるであろうが、卸売市場では、大量の金貨が必要となる。

第1節　鋳貨（銀貨の時代）

a. 西欧の硬貨

12世紀末から13世紀に、イタリア諸都市は西アフリカ産の金をムスリム商人との交易で手に入れた。13世紀半ばには、金貨の鋳造が再開されるようになった。金貨鋳造はマルセイユ、フィレンツェ、ジェノヴァの地中海沿岸の都市から始まった。アフリカにはエチオピア、ジンバブエ、ニジェール川中・上流域に金の産地があった。

フィレンツェでは1252年にフィオリーノ金貨(fiorino d'oro：フローリン金貨)が鋳造されるようになった。この金貨は品質がよくて、各国の金貨の模範となった。この金貨には聖ヨハネの立像とフィレンツェ

の紋章であるユリの花が刻印された。その重量は約3.5ｇの純金であった。フィオリーノ金貨の製造は大航海時代の開始とともに，1533年に終わった。

　大航海時代に入り，西アフリカの金を直接手に入れられるようになると，1457年，ポルトガルはクルザード金貨を鋳造した。

　西欧で銀貨の鋳造が本格化したのは，15世紀以降である。1476年にハプスブルク家のジギスムント大公（在位1446～1490）は重さ1オンスのターレル銀貨を鋳造した。ターレルはTal（谷）というドイツ語がなまったものと見られ，1517年に，ボヘミアのヨアヒムスタールで製造された銀貨がドイツ語でライヒス・ターレル，英語でリックス・ダラーとよばれるようになった。

　神聖ローマ帝国の権威の象徴となった大型のターレル銀貨は西欧各国で模倣された。スペインのペソ銀貨（peice of eight）は銀含有量が同じであったため，リックス・ダラーと区別して，スペイン・ドルとよばれるようになった。

　スペイン領アメリカ大陸では，16世紀半ば，メキシコのサン・ルイ・ポトシ，サカテカス，グアナフアト等の銀山が開発され，先住民やメスティソが雇用された。メキシコの銀山は18世紀に最盛期を迎え，中国（全体の3割ほど）や日本にも輸出された。

　1545年のポトシ銀山の再発見と，それに続く1556年の水銀アマル

ガム法による精錬で,スペイン領の銀の生産は拡大した。1570年代以降,ポトシ銀山が生産を拡大し,1580〜1630年頃には,スペイン領アメリカ全体で年間200トンをこえる銀が西欧に輸出されることになった。

1560年,イギリス国王の財政顧問であったグレシャム(1519〜1579)は「悪貨は良貨を駆逐する」(Bad money drives out good) という有名な言葉を残した。このグレシャムの法則の典拠はエリザベス女王あて書簡(1558年)である。中世の貨幣使用の現場では,このグレシャムの法則が通用した。

b. イスラーム圏の硬貨

イスラームの貨幣制度はウマイヤ朝第5代カリフ,アブドゥルマリク(在位685〜705)の貨幣改革で築かれた。金貨はディナール,銀貨はディルハム,銅貨はファルスとよばれた。金貨と銀貨が法貨であり,中央当局が直接に管理し,銅貨は補助貨幣として地方当局が管理した。

地中海周辺の金本位制の地域と,イラク・イランの銀本位制の経済圏が結び付けられた。

★ 豆知識 ★
ロンドンのシティの中心に王立取引所がある。これは1566年にグレシャムが設立して,1571年にエリザベス女王が認可した。

ムラービト朝（1056〜1147）からマリーン朝（1269〜1465）まで，モロッコの王朝では，サハラの金を背景に金貨が鋳造され，役人や兵士の給料は金貨で支払われた。11世紀後期，ムラービト朝がイベリア半島に進出すると，サハラから運ばれた金がアルメリア，セビーリャ，グラナダ，バレンシアなどでも鋳造されるようになった。1110年代以降は，シジルマサ，フェス，マラケシュなど，モロッコでの金貨鋳造の割合が増加した。

　エジプト史では，ファーティマ朝（909〜1171）までが金貨の時代，アイユーブ朝（1169〜1250）とマムルーク朝前期（バフリー・マムルーク朝：1250〜1381）が銀貨の時代，マムルーク朝後期（ブルジー・マムルーク朝：1382〜1517）が銅貨の時代に区分されている。マムルーク朝はイル・ハン国経由の銀の流入で，品質が改善され，金貨と銀貨が併用されていた。しかし，14世紀後半には，貿易収支が悪化し，15世紀初めにはディルハム銀貨は鋳造されなくなった。

c. 東アジアの硬貨

　唐の時代まで，硬貨よりむしろ布帛が貨幣として重要な位置を占めていた。貨幣の鋳造額は前漢の後半から唐の時代に年間2億銭，北宋で20億銭であった。
　省陌法も利用された。六朝時代に民間では100枚に満たない銭を100文（陌）とみなす方法が考案されていた。唐朝は当初，禁止した

第5章　金属貨幣と紙幣

が，唐代の後半には，公認して，国庫の出入にも利用された。宋では77枚を100文と計数する省陌が正式のものとされた。

　国家の鋳造権が確立したのは宋の時代である。宋代は主に銅銭が利用されていた。銅銭は宋銭とよばれ，東アジアはもとより，東南アジアやインド洋まで流通し，国際通貨となった。庶民が使用する貨幣は銅銭であった。銅銭では足りない場合，宋朝は鉄銭や紙幣を導入した。

　宋銭は王安石の時代，1080年前後に，銅銭供給量のピークに達した。11世紀の初めにせいぜい年間200万貫であったのが，ピーク時には年間500万貫近くにまで達した。ちなみに，平安時代の日本の銅銭鋳造量はおおよそ年間3,500貫である。下級兵士の年棒が50～70貫，都市の労働者は日給150～300文の時代である。1貫は銭1,000文に等しい。

　王安石は宋銭の国外持ち出しを解禁した。彼は銅銭を大量に鋳造し，政府は莫大な鋳造利益を獲得した。しかし，宋銭は国外に流出し，輸入品が増大した。銅銭を熔かして，銅として保有することも解禁された。

　王安石の時代を除き，北宋時代には貨幣政策が有効に機能した。銅や銅器の鋳造・販売を禁止した銅禁によって，高価な銅貨の私鋳が抑

★　豆知識　★
　中国，唐の開元通宝1枚の重さが1匁（もんめ）≒3.75ｇあったので，銭貨の個数・単位を「文（もん）」と表す。

止された。国外への銅銭流出も法令で禁止した。銅銭は全国に流通したが,鉄銭は通用地域が限定された。四川は鉄銭と紙幣だけであった。

　モンゴルがユーラシアを席巻した時代,モンゴル語でスケ(斧),ペルシア語でバーリシ(枕)とよばれる銀錠が流通した。モンゴル帝国により,中国,中央アジア,西アジアが結ばれたため,国際的な通貨が流通するようになった。この銀錠はオルトク商人が用いた。

　13世紀後半から14世紀半ばにかけて,中央アジアのキャラバン・ルートで活躍する商人はオルトクという名の組織を結成した。オルトクは仲間を表すトルコ語で,彼らはムスリムの特権商人団であった。オルトクは当時の平均的商人団と同様,通商,運輸,金融,徴税など種々の経済活動を営んだ。

　明の初代皇帝朱元璋は銅銭との兌換を保証した紙幣を発行して,金・銀の流通を禁止した。しかし,紙幣の価値が下落して,使用されなくなると,1436年には,銀が正式の通貨として公認されるようになった。

　日本銀は17世紀初頭,純度80%程度の丁銀(ちょうぎん)という硬貨として輸出された。その量は150〜190トン(丁銀勘定で400〜500万両)であった。ただし,中国が輸入した日本銀は純銀に直して,年間50〜85トン,あるいは,75〜150トン程度であったという推計もある。

　石見銀山は島根県大田市大森町を中心とした銀山で,規模では佐渡

第5章　金属貨幣と紙幣

に次ぐ銀山である。1526年，博多の貿易商人神谷寿禎(かみやじゅてい)が再開発した。彼は1533年に朝鮮から灰吹法を導入し，精錬した銀を朝鮮に輸出した。のちに，明船やポルトガル船，そして，朱印船によっても輸出されるようになった。石見銀山は1562年に毛利氏の所有となり，朝廷と室町幕府に献上された。豊臣秀吉は鉱山を公儀の所有とし，石見銀山からも運上を収取した。

日本の銀は中国の生糸と交換され，主に倭寇やポルトガル商人の手を経て，中国大陸に流れていった。日本に対しては解かれなかった海禁政策のため，ポルトガルが銀と生糸の貿易で利益を得た。

メキシコで生産された銀貨は1565年以降徐々に，アカプルコから輸出された。スペインは1571年にマニラの植民に成功した。フィリピンのマニラとメキシコのアカプルコを結ぶ，いわゆるマニラ・ガレオン船団によって，8レアル銀貨 (piece of eight) が中国に流れた。8レアル銀貨は重さ26g強で，純度93％を誇った。1815年に最後のガレオン船が出航した時までの交易を，マニラ・ガレオン交易と言う。

1590年代，フィリピンには中国船が頻繁に来航するようになり，綿布，絹織物，生糸と交換に銀を輸入した。中国産の安物の生糸，絹織物はグラナダの絹織物業者の市場を奪った。

ヨーロッパでは16世紀末に金銀比価は1対12，日本では1対10，中国では1対7前後であった。中国は1570年代に一条鞭法が全国に

第2編　中世経済史

普及して，租税の銀納化が促進された。中国は年間100トンから150トンほどの銀を輸入した。

中国人は8レアル銀貨を洋銀や双柱とよんだ。19世紀まで，東アジア圏で流通していて，日本や中国はこれをまねて，丸い硬貨を鋳造するようになった。硬貨が丸かったので，銀圓，銀元，あるいは単に元や円とよばれるようになった。

第2節　信用貨幣

イスラーム圏で，9～10世紀に各種の為替が登場するようになった。商人は預金，担保の他，為替手形（スフタジャ），約束手形（ルクア），小切手などの信用証券による信用業務も展開した。

中国では唐の憲宗時代（在位805～820）に飛銭とよばれた為替手形が利用されるようになった。宋の真宗時代（在位997～1022）に，商人が交子を発案した。

交子は重い鉄貨の輸送の手間をはぶくため，16人の商人が交子舗をつくって，商人の責任で発行したものである。しかし，交子の兌換をめぐって，訴訟事件が生じるようになると，1022年からは政府が交子

★　豆知識　★
　真宗は『勧学文』で，「勉強すれば，おのずから富も，豪邸も，身分も，美女もすべて手に入る。立身出世の志を懐（いだ）くものはひたすら経書の勉強をしなさい」と述べた。

務を設置し，ここで交子事務を管理することとし，1023年から王朝の手で交子が発行されるようになった。

南宋時代に交子が大量に流通するようになった。紙幣の価値を維持するのにいくつかの方法があった。1）通用期限を設定する。通常，6〜9年ほどであった。2）租税・専売によって，積極的に回収する。3）兌換の準備。4）銅銭と紙幣（会子）を価格の半額ずつ支払う。これは銭会中半とよばれた。

フビライ・ハンは1260年，銀との交換を担保にして，交鈔を発行した。この中統元宝交鈔（中統鈔）は南宋征服前後に兌換が停止された。さらに，1346年以降は，財政難から紙幣が濫発され，破局を迎えることになった。

明朝では，高額の貨幣として，紙幣である大明宝鈔が利用された。明朝は現物主義だったので，銅銭も大明宝鈔も，最低限しか発行しなかった。宝鈔の公定レートは，宝鈔1貫＝銅銭1,000文＝銀1両＝米1石であった。しかし，宝鈔の実際の価値は15世紀半ばに，米価比で，14世紀末の水準から70〜80分の1に低落したと言われる。

第3節　保険と利子

海上貸借は古代から営まれていた。貿易業者が船や積み荷を担保として，金融業者から資金を借り入れ，貿易が成功すれば，24〜36％ほ

どの利率で元利返済し，沈没等で貿易に失敗したら，元利金の返済は免れるというものである。

海上冒険貸借として，ヴェネチアのコンメンダが有名である。コンメンダは商人が一航海を実行するために，カネを出し合ったものである。航海が終了すれば，コンメンダは解散した。会計年度という概念はなく，一航海が終わると清算されて，損益が確定した。

海上冒険貸借は，教皇グレゴリ9世（1227～41）が制定した1230年頃の利息禁止令（海上貸借でのウスラの禁止）をきっかけとして変更され，海上保険へと発展した。保険証券としては，ジェノヴァで発券された，1347年の船舶保険証券と翌年の積荷保険証券がもっとも古い海上保険証券であると言われる。

冒険貸借が海上保険となった理由として，海上貸借による資金の調達の必要性が少なくなるほど，貿易業者が資金をもつようになった点や，海難に遭遇したとして偽って，借入金を返済しない者が現れたことが指摘される。

イスラーム教では聖典コーランで利子（アラビア語でリバー）の取得が禁じられている。生活必需品や金銭の退蔵，詐欺，賭博，投機，賃金の搾取，虐待による利益なども，シャリーアで禁止された。

中世から始まり現代でも続いているパートナーシップ契約にはムダーラバとムシャーラカの2種類がある。ムダーラバはイタリアのコンメンダに当たるものである。1名の資本家（ムダーリブ）が事業家

（ダーリブ）に資金を提供して，事業を実現する。彼は資金の提供者であるので，事業に参加できない。事業の結果，生じた利益は当初の取決め通りに配分する。欠損が生じたら，資金提供者は元本の一部または全部を回収できない。

もう一つはムシャーラカである。この場合は，関係者全員が資本家となり，事業家となる。彼らはあらかじめ合意した割合で，利益と損失を配分する。

事業の固定資本等の資産価値が上昇したとき，その利益はムシャーラカでは全員に配分されるが，ムダーラバでは出資者のみがその利益を享受する。

第4節　イタリアの簿記

イタリア商人はムスリムとの取引で，商業簿記や海上保険を学び，それを発展させて，ヨーロッパ商業の基礎を作り上げた。彼らは当初，単式簿記で帳簿を作成していた。1202年にピサの商人レオナルド・フィボナッチ（1170頃～1250頃）が『算盤の書』を著した。彼はブージー（現アルジェリアのベジャイア）との貿易で，算盤（アバカス）とアラビ

> ★　豆知識　★
> 『算盤の書』で紹介された数列は，フィボナッチ数列として，有名である。0, 1, 1, 2, 3, 5, 8, 13, 21, …と続く数列である。

ア数字を学んだ。この本でフィボナッチは筆算のやり方や,平方根,あるいは,イスラーム教徒が発明した代数を使って,複雑な問題を解く方法も示した。13世紀終わり頃には,算盤を教える学校がトスカーナ各地に生まれた。

イタリア商人はムスリム商人との交渉を通じて,簿記を学んだ。15世紀に複式簿記による帳簿の記入方法の原型が整備され,19世紀に複式簿記が会計に発展した。複式簿記は誰が発明したかはわからない。イタリア諸都市の商人は1300年頃には,損益を計算し,財政を管理するツールとして複式簿記を利用し始めた。ジェノヴァ共和国では1340年には市政庁の執務室で帳簿がつけられ,複式簿記で財政が記録されていた。

ジェノヴァは一つの事業体のように金を貸し,投資を行い,支出を記録し,損益計算も行っていた。元帳は毎年,締め切られ,継続取引は新しい元帳に転記された。共同出資で航海が営まれたので,所有しているものの記録だけでなく,出資者への利益配分を計算するための記録が必要となっていた。

15世紀に,それまで商人が利用していた簿記をまとめた本が出版された。ルカ・パチョーリ(1445頃～1517頃)は1494年,『スンマ』(算術・幾何・比及び比例総覧)で,ヴェネチアで行われていた複式簿記を集大成した。パチョーリの『スンマ』は世界初の会計の入門書であると評価されているが,当初,会計は身分の低い商人の技術であるとさ

第 5 章 金属貨幣と紙幣

げすまれた。

　パチョーリはメディチ家が破ったルールを，繰り返し強調した。経営者は支配人の監査をしなければならないというルールである。『スンマ』では財産目録，日記帳，仕訳帳，元帳が説明された。商人は資産の棚卸を行い，家屋敷，土地，宝石類，現金，家具，各種商品などの財産目録を記載しなければならない。次に，毎日の取引をすべて時系列で記帳したり，領収書を添付したりする日記帳を記録する。日記帳から，手順に従って，仕訳帳の借方・貸方に，取引を二面的に転記する。記帳した事項は，最後に，元帳に転記する。元帳の勘定は商品・事業・航海ごとに立てられる。

　フィレンツェ近郊，プラート生まれの商人，フランチェスコ＝ディ＝マルコ＝ダティーニ（1335年頃～1410年）が遺した資料には為替手形や保険証券があった。ダティーニはまずアヴィニョンでの教皇庁相手の金融取引で財を築いた。金融以外にも，武器，衣服，香辛料，奴隷など，さまざまな商品も扱った。ダティーニは当時の慣習に従って，公証人を通して，商社の設立契約書を作成した。共同経営者は資本・奉仕の割合によって利益と損失を分配する。船主や商人が互いに保険

> ★　豆知識　★
> 　小切手は英語でchequeというが，アラビア語起源である。ヨーロッパでは，ダティーニの時代に，銀行で使われ始めたが，アラブの商人は9世紀頃から使っていた。

業者にもなっていた。ダティーニは約50年間,帳簿をつけた。1367年から1372年は単式簿記であるが,1390年以降は複式簿記で記録された。

第5節　営利活動

『神学大全』で有名なスコラ哲学者,トマス・アクィナス(1225頃～1274)は営利行為を恥辱とみて,利潤の追求を卑賤な行為であると考えた。時間は神に属するものであるので,利子をとって金を貸すのは神に対する冒涜であった。1179年のラテラノ公会議では,金貸しをキリスト教徒として埋葬するのを正式に拒否した。

キリスト教徒はキリスト教徒に対して利子を課してはならないので,ユダヤ教徒が代役をつとめた。逆に,ユダヤ教徒に対しては,キリスト教徒が金貸しとなった。ユダヤ人は都市当局や領主と契約を結び,許可を得て,営業した。利率は年利20～40％程度であった。市民相手の場合には,質屋形式で,何らかの担保をとって,カネを融通した。

フィレンツェの大富豪は利子をとらないで,事実上の金貸しとなった。銀行家は手形を発行し,両替を行い,あるいは,土地の売却(借入)と買い戻し(返却)という手法で,利子を取得した。預金者に対する利息も,謝礼という名目で実現された。

コジモ・デ・メディチ(1389～1464)は死後に,「祖国の父」の称号

第5章　金属貨幣と紙幣

を贈られた。メディチ家も最初の取引相手は教皇庁であった。コジモの銀行は、十分の一税の徴税人や大市をめぐる商人のために為替手形で送金した。為替手形で借金をすることもできた。枢機卿や商人から申し出があると、コジモは返済期日を確認したのち、ロンドンやブルージュ等に外国為替手形を送った。為替手形は現金と一定のレートで交換され、両替事業の利益率は年13〜26％であった。利子が禁止されていたので、両替がその役割を果たした。

コジモの孫、ロレンツォ＝デ＝メディチ（1449〜1492）はルネサンスの黄金期を迎えたフィレンツェに君臨した。ロレンツォは新プラトン主義の学徒であり、ボッティチェリ、ダ＝ヴィンチ、ミケランジェロらの友人であり、パトロンであった。祖父と異なり、会計はお粗末であったので、フィレンツェ市の金庫は空っぽになった。複式簿記を知っていたマキャベリによると、ロレンツォは有能な貴公子だが、無能な銀行家であった。

利子はラテン語でウスラ（usura）という。英語の高利貸（usurer）はウスラに由来する。ウスラは禁止されたが、消費者金融は中世でも必要とされた。15世紀後半には、モンテ・ディ・ピエタとよばれる公益の質屋も登場した。公益質屋では高利に苦しむ市民のために、年利5〜12％で貸し出された。

しかし、中世では蓄財は悪であったので、大富豪は彼岸との取引に応じて、遺言によって、莫大な財産を教会に寄進した。1517年から始

まる宗教改革によって,魂の救済は信仰以外にはありえない（信仰義認説）し,死後の審判は個々人の意思にかかわりがない（予定説）と考えられるようになった。営利活動は魂の救済の阻害とならなくなり,利子の取得も当然視されるようになった。

利子はそれまで宗教裁判所の管轄下にあったが,この発想の転換によって,プロテスタント諸国では,利子問題は世俗の裁判所の管轄に移された。宗教から経済が脱皮し,宗教は精神世界と冠婚葬祭にかかわるものに限定されるようになった。

第6章
中世商人の世界

第0節　地域市場と遠隔地貿易

中世は分権的な社会であると言われるように、中世の商業は、慣習的に独立した法領域としての「地域」の中での商品流通と、その地域を結ぶ遠隔地交易からなっている。

地域内交易は、多くの場合、都市の市場で行われる。多くはその都市の手工業製品と周辺の農村の産物が市場で売買される。ここは手工業者や農民が集まり、都市の領主や商人団体が運営する市場である。

遠隔地交易は国際的規模で営まれるものであり、ユーラシア大陸やアフリカ大陸の東西の端さえ、結びつけてしまう。

第1節　定期市と年市

農村と都市の産物が交換される地域的な市場(いちば)には、定期市がたつ。たいてい7日から10日程度の間隔を置く週市が開催された。ここには農民や手工業者が集まり、生活必需品や文化的な商品が交換された。毎日、開催される毎日市、月毎や季節毎に開催される月市や季節市もあった。

遠隔地商人が活躍する市場は，多くの場合，卸売市場となる。卸売市場は年市（歳市）や大市などと表現され，1年に1度，数日からひと月ほど開催され，特定の商品が取引される。シャンパーニュの大市は4つの市場町を一括した呼び名で，おのおのの町で年に1,2度市が開催された。

日用品の需要を満たす商人の活動は小売りや行商と表現された。遠隔地取引に従事する人は商人とよばれた。小売りは原則としてその地域に在住する者が遂行するので，他国からやってきた商人は，特権として認められることがなければ，小売りに従事することはできなかった。

第2節　古代から中世の商業　761〜970

西欧では，カロリング朝成立以降，国王や公爵・伯爵などの封建領主が発行した市場特許状で，週市や年市が各地に設立された。キウィタスとよばれた司教都市に市が設置され，地域経済の中心地となった。市の平和を守る都市領主が運営する市で商品交換が行われるようになった。

中国では，海港に置かれた貿易管理機関を市舶司とよぶ。唐の玄宗の時代，714年に広州に置かれたのが最初で，1551年まで置かれた。市舶司は広州，泉州，明州（寧波），福州，杭州等に置かれた。市舶司の長官は知州（州の長官）が兼ねたり，転運使（運輸等の地方官吏）が

第6章　中世商人の世界

兼ねたりしたが，11世紀後半の新法党の時代には専任となっていた。

　市舶司は南海貿易，日本貿易，高麗貿易等を仕切り，中国海商の出入り，海外商人や朝貢船の受け入れにあたった。実務として，積み荷の臨検，関税徴収（約10分の1），香薬・象牙・珠玉・犀角などの専売品の博買（強制的な官による買上げ）や販売，出港許可証の交付，船籍管理，密輸の取り締まり等にあたった。

　10世紀初め，ユダヤ人の一団がバグダードから北アフリカに移住した。バグダードの政治的不安定が移住の原因であったと推測されている。彼らは地中海沿岸の遠隔地貿易に従事し，マグリビ商人と評されるようになった。マグリビ商人は遠隔地に代理人を雇用して，彼らに資金や商品を委託して，取引を行った。委託販売では不正が生じる可能性が高い。遠隔地であるので，資金や商品を持ち逃げすることも，大いに考えられる。

　マグリビ商人は情報の共有を考えた。不正を行った代理人の情報を共有して，自分たちの間では，不正を行わせない。マグリビ商人は，不正を行った代理人とは2度と代理契約を結ばない。そのように団体を組んでおけば，少なくとも，相手方が自分たちとの取引を必要としている限り，不正を行う可能性は少なくなる。10～11世紀頃に，世界の多くの地方で，このような商人団体が結成された。

第3節　十字軍前後の商業　971〜1180

　ムスリムは地中海東方のキリスト教徒をルームとよんだ。1183年2月〜1185年4月にかけて，ムワッヒド朝の書記イブン・ジュバイルがグラナダからメッカ巡礼に旅立ったとき，セウタからアレクサンドリアまで，ジェノヴァ人の船で旅をしたが，彼はその船をルーム船とよんだ。ルーム船はガレオン船のことである。

　セルジューク・トルコがカスピ海の南方からアナトリア半島に侵入するにつれて，その動きに脅威を覚えた東ローマ帝国はローマ教皇に十字軍の派遣を求めた。その要請に応えて，1096年に派遣されたフランスや南イタリアの騎士を中心とした軍事行動が十字軍とよばれる。イスラーム側は十字軍をフランク（アラビア語でフィランチュ）とよんだ。
　十字軍兵士は1099年にイエルサレムの攻略に成功し，シャーム地方に十字軍国家を建設した。この領土的な支配は1291年のアッコンの陥落まで続いた。
　十字軍時代（1096〜1291）にピサ，ジェノヴァ，ヴェネチアなどの北イタリア諸都市がレヴァント地方に領地を獲得し，ここを東西交易の拠点として活用しただけでなく，この地域で棉花やサトウキビの栽培技術も習得した。

　レヴァント（Levant）という地域名がある。太陽が昇る地方を意味

している。レヴァントはヨーロッパから見て，地中海の東部地方を指すので，トルコからエジプトにいたる海岸地帯とその内陸部が想起されるが，厳密な定義があるわけではない。西欧は十字軍に参加して，レヴァントに領地を獲得した。レヴァントで砂糖や綿織物の製造を学んだ。サトウキビの製糖技術は7世紀初め頃に北インドから西アジア，そして，9世紀には下エジプトに伝わった。12世紀にエジプトがイスラーム世界で最大の砂糖生産国になった。砂糖はアラビア語でスッカル（sukkar）といい，英語の砂糖（sugar）の語源となった。

イスラーム世界では，砂糖生産は小作人，農業労働者，自由な農民・労働者によって作られた。サトウキビ栽培と製糖技術はキプロス，シチリア，クレタ等の地中海の島々や，イベリア半島南部のアンダルシア，エンリケ航海王子のアルガルベ地方にも導入された。その生産に携わったのは，奴隷ではなく，その土地の小作農や自由農民であった。

11世紀頃，ザンベジ川流域に成立したショナ族のモノモタパ王国（11～15世紀）は，金の産出と，インド洋沿岸の東アフリカ各地との交易で栄えた。中国の陶磁器もこの地域の輸入品となった。

ガーナ王国（300頃～1076）はソニンケ人の王国である。9世紀末までに，ガーナはバンブクで採った金を北のシジルマサに送って，塩と交換した。11世紀初めに確立したサハラ交易の仕方は13世紀まで変わらなかった。サハラの北からは岩塩，馬，装飾品（タカラガイ，サンゴ），大理石，衣類，陶磁器などが，サハラの南からは金，奴隷，ゴム，

象牙，インディゴなどが運ばれた。

第4節　モンゴルの平和の商業　1181〜1390

アイユーブ朝（1169〜1250）を建国したサラーフ＝アッディーン（在位1169〜1193）の時代に紅海を経由する商業の重要性が認識されるようになった。この交易を担ったカーリミー商人がインド洋から地中海東岸にかけての東西交易の中核を握っていた。モンゴルがペルシア湾ルートを開発しても，15世紀の前半まで，西アジアを経由する交易の多くはカーリミー商人が扱ったし，王朝が変わって，マムルーク朝（1250〜1517）の時代になっても，香辛料貿易を担ったのはカーリミー商人であった。

1202〜1204年の第4回十字軍は，ヴェネチアの支援を受けて行われた。ビザンツ帝国の首都であり，黒海の出口にあたるコンスタンティノープルが第4回十字軍の攻撃対象となり，十字軍兵士はここにラテン帝国を建設した。ヴェネチアは以前からビザンツ帝国と条約を結んで，黒海交易に参加していたが，ラテン帝国の成立で，この交易を独占する体制をとった。しかし，1261年にビザンツ帝国がコンスタンティノープルに返り咲いた。

13世紀にモンゴルの世界制覇によって，東西交易の道が変化した。一つは1258年，イル・ハン国（フレグ＝ウルス）の登場により，ホル

第6章 中世商人の世界

ムズ海峡から首都タブリーズに抜ける交易路が生まれた。ペルシア湾ルートが活発になった。

他方,北方では,1243年にサライを首都とするキプチャク・ハン国（ジョチ＝ウルス）が建国され,モンゴルの平和の到来とともに,黒海経由の東西交易も活性化した。黒海の北部,ドン川河口のターナ（現アゾフ）ではヴェネチアが,クリミア半島のカッファ（現フェオドーシア）ではジェノヴァが交易基地を確保した。ターナでは14世紀の記録で奴隷として売られた民族は,7割がタタール人であった。その他,モンゴル人,チェルケス人,ロシア人等が扱われた。主にヴェネチアの商人が彼らを購入した。

黒海で取引された奴隷は,男女別では,女奴隷が多く,おそらくはイタリアで家内奴隷となった。美人が多いことで有名なチェルケス人がもっとも高価で,次にロシア人,モンゴル人と続いた。地中海では,その他,ギリシア人,トルコ人,アルバニア人,スラヴォニア人,セルビア人,ユダヤ人,黒人等,さまざまな民族が奴隷として取り引きされた。

★ 豆知識 ★

タタール（韃靼）は現在,ヴォルガ川流域やクリミア半島等に居住しているが,歴史上は,モンゴルから東欧で活躍したモンゴル,テュルク,ツングース系の民族をさす。テュルク系の遊牧国家である突厥（552〜582〜83）の時代に,突厥がモンゴル高原の東北で遊牧していた人たちをタタール（他の人々）とよんだのが最初であると言われる。

第2編　中世経済史

　14世紀までに地中海交易での覇権を握ったヴェネチアは、マルコ・ポーロ（1254～1324）の活躍に象徴されるように、商人が各地を遍歴して、大財産を作り上げた。マルコ・ポーロは大都でフビライに謁見し、ヴェネチアに帰国後、『東方見聞録』を著した。北イタリア諸都市は内陸部を経由して、パリの東方シャンパーニュ地方で東洋の物産やイタリアの毛織物をさばいた。シャンパーニュの大市はヨーロッパの金融の中心地ともなった。しかし、フランス国王が1315年にフランドル商人の大市参加を禁止すると、シャンパーニュの大市とともに、内陸経由の商業路が衰退した。

　ヨーロッパの北方では、ハンブルクやリューベックなどがハンザ同盟を結成した。13世紀から活発になる、エルベ海以東のスラブ人居住地に対するゲルマン人の東方植民活動の一環として生まれたハンザ同盟諸都市は、ノルウェーのベルゲン、ロシアのノヴゴロド、フランドルのブリュージュ、そして、ロンドンに外地商館を建設した。ハンザはそれらの地域やドイツ内陸部との交易関係を活発にした。

　ハンザ諸都市は1356年の第1回ハンザ総会ののち、その結束力を強化して、各地の王侯・貴族と対抗できる勢力として成長した。しか

★　豆知識　★
　チェルケス人は黒海とカスピ海の間、カフカス（英語でコーカサス）山脈の北側に住んでいた民族である。ブルジー・マムルーク朝はチェルケス人が建国した。

第6章　中世商人の世界

し，絶対王政の確立と歩調を合わせるかのように，16世紀には衰退を開始し，ロンドンのハンザ商館は1598年に，最終的に閉鎖された。

西欧で猖獗を極めた1348〜49年の黒死病は一つの転換期であった。黒死病はカッファでジェノヴァ船に乗って，侵入してきた。有力な説によると，ペストは中国の南部あるいは東南アジアの北部あたりで発生し，陸路，中央アジアを通って，カッファにたどり着いた。

黒死病が流行した頃，イスラーム圏を中心として，世界を旅した者が現れた。モロッコのイブン・バトゥータ（1304〜1368？）である。バトゥータは1325年にメッカ巡礼の旅に出て，その後，イラク，小アジア，インド，スマトラなどを経由して，元朝末期の大都に至り，1349年にフェスに帰還した。彼はその後，イベリア半島のグラナダや西アフリカのニジェール川流域を旅した。バトゥータはマリーン朝（1196〜1465）の君主の求めに応じて，前後30年あまりの旅を，『都市の不思議と旅の驚異を見る者への贈り物』（1357）として公にした。

ニジェール川中流域のトンブクトゥを中心に，マリンケ人が建国したマリ帝国（1230年頃〜1600年頃）では，金や塩の交易にワンガラ人が活躍した。マリ帝国はバンブク，ブレなどの金の産地をおさえた。マリの皇帝マンサ・ムーサは1324年，メッカ巡礼の途上で，カイロを訪れた。彼は大量の金をエジプトにもたらし，カイロでは金価格が暴落した。当時，この金はサハラ砂漠をこえて，ムスリム商人の手に渡っ

ていた。14世紀以降には,南から北への輸出品に,コーラの実,ギニア生姜,ココヤシの実なども加わった。

第5節　大航海時代　1391〜1600

　明の初代皇帝,洪武帝は海禁令をだし,勘合符を用いた勘合貿易のみを正式な交易とした。明に朝貢した琉球はタイのアユタヤ朝(1351〜1767)やマラッカの物資を明に運び,逆に,明の物資を東南アジア,日本,朝鮮にもたらした。那覇は海上貿易の拠点となり,15世紀は琉球の大交易時代となった。

　日本は14世紀半ば以降,明の朝貢貿易体制が確立する1420年代まで,対馬や北九州を根拠地とする日本人が朝鮮半島から華北にかけての地域を襲撃した。これは前期倭寇とよばれる。朝鮮では,倭寇を討って名をあげた李成桂(イソンゲ)(在位1392〜98)が高麗を倒して,李氏朝鮮(1392〜1910)をたてた。

　洪武帝は海外渡航を禁止し,1374年に市舶司を廃止した。永楽帝(えいらくてい)(在位1402〜24)は朝貢体制の確立に意を注いだ。宦官の鄭和(1371〜1434頃)に命じて,1405年から33年にかけて,都合7回の南海遠征を開始した。第1回は60隻あまり,2万数千人が参加した。この大遠征は明の偉大さを見せつけるのを目的としていた。偉大な国への朝貢が始まった。

　朝貢は臣下が君主へ貢物を持って,挨拶に行く儀礼行為である。明

第6章　中世商人の世界

朝は朝貢を許容した外国の君主の地位を承認する辞令を下した。これを冊封という。冊封は，古くは，皇帝が諸侯や周辺の国王などを冊（勅書）でたて，爵位や封土を与えたことをさす。朝貢貿易で明から下されるお返しは，不換紙幣の宝鈔であった。中国商品の購入で帰ってくるので，その内容は借款に近い。

朝貢貿易では，朝貢国が明朝皇帝に献上する進貢品と，それに対して皇帝が与える下賜品でなっていた。しかし，朝貢とともに行われる使節や随行商人の交易はより重要であった。明朝政府はそれらを優先的に買い上げた。残った商品は，政府の管理下で民間商人との交易（互市）が許された。「朝貢なくして互市なし」という原則が貫かれた。互市は対外貿易市場という意味で，エンポリウムに近い。

明朝は1403年に市舶司を再開した。これは朝貢貿易を管轄するためである。東南アジア・インド洋方面は広州市舶司，琉球は泉州（のち福州）市舶司，日本は寧波市舶司を通じて，明朝との朝貢貿易を行った。

東南アジア最大の集散港として，マラッカ（ムラカ）王国（14世紀末～1511）が頭角を現した。マラッカには，インドや西アジアのムスリム商人も誘致され，南シナ海やインド洋から商品が集まった。中国商人はマラッカから胡椒，丁子，サフラン，サンゴ，カンバヤ織物，綿布，鉛丹，水銀，アヘン，香薬，鉄，硝石，綿撚糸などを輸入した。

1440年代からユーラシア全域で寒冷化が進み，中国大陸では飢饉や天災が頻発した。1449年には土木の変が生じ，朝貢も減少・途絶した。

しかし，16世紀に，東アジアでは，市場経済が発展した。広東では，朝貢船以外の外国船が来航して，貿易を行ったので，地方当局はそれを黙認して，関税を徴収するようになった。関税は抽分とよばれ，現物または銅銭・銀両で支払われた。その税収は地方の軍費に回された。

16世紀の後期倭寇は嘉靖年間（1522〜66）に猛威を振るったので，「嘉靖の大倭寇」と称される。倭寇には日本人は1〜2割しか含まれていなくてその大部分は福建人であった。彼らは江蘇・浙江・福建地方の沿海だけでなく，南京まで進出した。この倭寇には，ポルトガル人も加わった。密貿易者群の根拠地は浙江の双嶼と瀝港（列港）であった。

1550年代にもっとも大きな勢力となった倭寇は，長崎の五島に本拠を構えた新安出身の王直であった。王直が1559年12月，杭州門外で処刑されて，江蘇・浙江では，倭寇は下火になった。

倭寇が討伐され，海禁令は1567年に解かれた。政府は倭寇の巣窟であった福建漳州の月港（海澄港と改称）に行政官庁を設置し，この港を基点とした南洋貿易を公認した。しかし，日本との貿易は認められなかったので，マカオに定住しはじめたポルトガル人が中日交易の仲介役を務めることになった。

日本人は中国と直接の交易ができなかったので，互市を利用できなかった。そのため，日本は東南アジアの港市での出会い貿易の形式をとった。ベトナムのホイアンが出会い貿易で栄えた港町として有名である。

第6章 中世商人の世界

　東南アジアには日本から銀を積んで来航した商人たちによって日本町が作られた。華人は日本の銀を求めて，九州各地の唐人町にやってきた。17世紀後半に衰退するまで，東シナ海域では日本産の銀と中国産の生糸が交易の中心を形作った。生糸の他，絹織物，銅銭，漆器，薬剤なども日本に輸入された。

　華人商船の船長は船主・舶主とよばれた。船主は船舶の所有者やその代理人等で，航海の総責任者である。船舶に同乗する商人は客商・散商とよばれ，客商は乗船料を払って，船艙の一部分を与えられ，商品を積み込んだ。商船が帰港すると，鋪商(ほしょう)が貨物を買い取った。鋪商は政府公認の仲買人で，輸入商品を独占し，関税の納入を請け負い，船主や客商に投資した。

　イスラーム教徒の鄭和が出かけたインド洋ではムスリム商人が商圏を作り上げていた。16世紀初頭のポルトガルの旅行家トメ＝ピレスは『東方諸国記』の中で，インドのグジャラート商人の交易活動をたたえた。当時グジャラートではメッカ巡礼の発着港であったカンバヤ(キャンベイ)が拠点となった。グジャラート商人は右手でアデンを，左手でマラッカを握っていると表現された。ポルトガル人は対抗して，ゴア

★　豆知識　★
　華人は中国人（中国出身者）のこと。海外で暮らしている華人は，華僑とよばれる場合がある。唐人町は華人が集住している街区のこと。

を拠点として,マラッカを占領した。ムガル朝が成立して,グジャラート地方でスーラト港が発展すると,ポルトガルが参入してきて,インド洋を航行する船舶に通行許可証を強要し,インド洋交易圏の乗っ取りに成功した。

1415年のセウタ攻略から,ヨーロッパの大航海時代の物語が始まる。セウタの攻略に参加したポルトガルのエンリケ航海王子は西アフリカ探検をすすめ,マデイラ,アゾーレス,カナリア,ヴェルデ岬諸島などの植民に成功した。これらの,いわゆる大西洋諸島の植民にはジェノヴァやフランドルの商人も参加した。西アフリカには象牙,染料木,奴隷,金を除くと,特筆すべき商品はなかったので,大西洋諸島には,地中海の島々からもたらされたサトウキビを移植した。これによって,18世紀に本格化する大西洋奴隷貿易の基礎が作られた。

1471年の条約で,スペインがカナリア諸島の領有を認められた。ポルトガルはその他の大西洋諸島の領有権を確保した。その後,香辛料交易への関心が高まり,1498年5月ヴァスコ＝ダ＝ガマ（1469頃〜1524）が,アフリカ南端の喜望峰をまわって,海路インドのカリカットに到着した。

マルコ＝ポーロの影響を受けて,直接,黄金の島ジパングに行きたかったコロンブス（1451〜1506）は1492年,西インド諸島のサンサルバドル島と見られる島に到達した。コロンブスはアジアに到達したと思った。当時,アジアはインド（インディアス）と総称されていた。

第6章 中世商人の世界

コロンブスの成功を耳にしたポルトガルはアジアの商業独占を狙って、1494年にスペインとの間でトルデシリャス条約を結んだ。この条約では、アメリカ大陸の一部、ブラジルを含む経線（西経46度37分）で、世界が二分され、その経線より東はポルトガルが、その西はスペインが独占的に活用することが認められた。当時、その経線の裏側は意識されなかったが、裏側は東経133度23分なので、松江市や高知市あたりで、日本は二分される。

ポルトガルは1554年に広州での直接貿易も許されるようになった。ポルトガルは広州で得た生糸を日本市場に持ち込み、銀と交換した。

その後、ポルトガルはインドのゴアを根拠地として、セイロン島、マラッカ、マルク（香料）諸島を支配した。1513年に、テルナテ島に商館を建設した。ここはクローブ（丁子）、ナツメグ、メースの特産地であった。さらに、ポルトガルは1515年にはホルムズをおさえた。当初、明朝はポルトガル人を「仏郎機（フランキ）賊」とよんだこともあったが、ポルトガルがマカオ島の倭寇掃討に協力したので、1557年、ポルトガル商人はマカオに居住権を得た。

1511年、ポルトガルがマラッカ王国を占領すると、ムスリム商人はほかに貿易拠点を求めた。インドネシアでは、スマトラ島北部のアチェ王国（1496〜1903）、ジャワ島西部のバンテン王国（1526〜1813）、ジャワ島中部ジョグジャカルタ地方のマタラム王国（1500年代〜1700年代）があらたな貿易の拠点として栄えた。東南アジアの交易の発展は1400

年頃から始まり，1570〜1630年代に一つの頂点を迎えると同時に，イスラーム系の国家も形成され，この時期は「商業の時代」であるとともに，「国家形成の時代」であった。日本人がタイのアユタヤ朝に入植したのも，この頃であった。

ポルトガルは1481年，住民の許可をえて，西アフリカにエルミナ要塞を築いた。ポルトガルはここから大量の金を運び去った。しかし，16世紀半ばには，スペイン領植民地からもたらされる金が西アフリカの金を凌駕するようになった。

スペインとポルトガルはアメリカ大陸の植民も進めた。スペイン領アメリカでは主に先住のインディオが労働力として利用されたが，ポルトガル領のブラジルでは，本格的に黒人奴隷が輸入された。ポルトガルは1500年にブラジルを発見したが，ブラジルの木（蘇芳(すおう)）やオウムなどの商品しか手に入らなかった。1530年代からポルトガルはブラジルを開発し，1570年代までに，アフリカのルアンダからサン・トメ島経由で，年に1万人ほど，コンゴやアンゴラの黒人奴隷を輸入して，ブラジルでのサトウキビ栽培と製糖業を根づかせた。

スペインはインディオを奴隷として，メキシコ，ペルーで鉱山開発に乗りだし，エンコミエンダとよばれる大農園経営も始めた。エンコミエンダはバハマ諸島を除く西インド諸島で発展した。イサベラ女王は先住民を自由な臣民と位置づけ，その身分にふさわしい貢納を求め

た。先住民はそれを拒んだので，1503年からエンコミエンダ制が始まった。

エンコミエンダは征服の報償として，国王が特定の地域の先住民を征服者や官僚等に授与したものである。受封者はエンコメンデロとよばれ，先住民から金や労働の形で貢納を受ける権利を得た。先住民は特定の地域に集められ，建築労働者や鉱山・農業労働者として働いた。エンコメンデロは先住民を文明化し，彼らにキリスト教を授け，彼らを保護する義務を負った。

当初，エンコメンデロは土地が授与されたのではなかったが，先住民の土地を統治下に置くことで，事実上の土地の領有者となった。1542〜43年のインディア新法によって，エンコミエンダの相続はできないことが明記され，すべての土地は最終的に国王の土地となると規定された。しかし，18世紀末まで，完全にエンコミエンダを排除することはできなかった。

索　引

あ 行
アイユ　43
アウレウス金貨　83, 84
アゴラ　98
アター　138
アッピア街道　70, 76
イクター　138, 139, 157, 162
一条鞭法　164, 173
囲田　114, 143
入会　114, 127, 132, 133
石見銀山　172, 173
インディア新法　199
ヴァルナ　39, 40
ウィラ　53
請負　38, 76, 117
ウスラ　176, 181
圩田　114, 143
ウラマー　157, 158
運河　69, 70, 76, 118, 150, 154
役身折酬　61
エレクトラム　81, 83
エンコミエンダ　145, 198, 199
エンポリウム　98, 99, 193
園囿　52, 53
オイコス　10, 37, 63
オイコノミア　9, 10, 55
大市　97, 181, 184, 190
オルトク商人　172

か 行
海禁　173, 192
海上保険　90, 176, 177
科挙　51, 109, 150
カナート　69
カノン法　128
仮与　50
カリフ　54, 59, 73, 74, 89, 138, 146, 157, 169
ガレオン船　173, 186
慣習法　123, 128, 129, 138
関税　159, 160, 185, 194, 195
カースト制度　39
カーリミー商人　188
キウィタス　155, 184
九品官人法　50
兄弟会　123, 129, 130
ギルガメシュ　32, 64
ギルド　118, 120, 147, 148
銀錠　165, 172
均田　47, 50, 51, 136, 137, 139
均輸法　69, 77
グジャラート商人　195
クルザード金貨　168
グレゴリオ暦　118, 119
警察　70, 105, 153
ゲノス　36, 37
県城　153, 154
限田　47, 50
交子　174, 175
公田　48-51
貢納　43, 199
公有地　47, 48, 50, 52
小切手　89, 166, 174, 179
互恵　43, 44, 55
互市　193, 194
戸籍　41, 47, 105

コモンズ　132, 133
コロヌス　57
根栽　22, 24
コンメンダ　176

さ 行

債務奴隷　55, 56, 60-62
サトウキビ　22, 146, 187, 196
サトラップ　53, 88
サハラ　17, 90, 170, 187, 188, 192
ザンジュ　146, 147
三圃式農法　112-114
地金　83, 87
シグロス銀貨　88
自然法　56
士大夫　109, 131, 137, 153
七部法典　145
市舶司　184, 185, 192, 193
シパーヒー　161, 162
紙幣　165-167, 171, 172, 175, 193
市民法　56
ジャガイモ　17, 18, 22, 23, 29, 111, 112
シャリーア　128, 162, 176
ジャンク船　111
十字軍　115, 155, 186-188
十二表法　38, 56
城郭都市　64, 153, 154
証券　166, 174, 176, 179
所有権　15, 16, 46, 115, 117, 130, 142, 145, 159
胥吏　137, 163
シルクロード　92, 104, 105
人頭税　54, 57, 137, 164
新法　163

スーク　89, 97, 158
井田　47-49
省陌（省銭）　79, 170, 171
節度使　139, 153
占田・課田法　50
銭納　140, 162, 163
専売　69, 76, 77, 175, 185
宗族　40, 131
ソグド商人　104, 139
ソリドス金貨　84

た 行

貸借　61, 90, 175
代田法　50
ダイヤ　146, 147
タカラガイ　80, 85, 104, 187
溜池　27, 65, 132
ダリク金貨　83, 88
タンプ　45, 74
タージル　146
ターレル銀貨　168
地租　49, 54
鋳貨　81, 83, 84, 167
朝貢　185, 192-194
長城　68, 70, 110
賃金　12, 70, 81, 84, 176
鎮市（市鎮）　153, 158
定期市　96, 153, 183
ディナール金貨　89, 90, 169
ティマール　161
ディルハム銀貨　89, 146, 169, 170
手形　89, 166, 167, 174, 179-181
デナリウス銀貨　84
佃戸　137, 139-141, 143
都市国家　28, 36, 64, 66

屯田　50, 51

な 行

投銀　91
奴婢　41, 50, 51, 60, 61
ノモス＝法、規範　10
ノモス＝小国家、州、セパト　65

は 行

バラモン（ブラーフマナ）　39, 67, 103
ハンザ　190, 191
ハンムラビ法典　65, 70, 79, 90
バーザール　97, 158
人身御供（人身供犠）　60, 94
ファミリア　38
ファラオ　65, 68
フィオリーノ金貨　167, 168
部曲　41, 61
物権　133, 142, 143
物納　162-164
布帛　87, 88, 170
ブルク　155
プロテスタンティズム　13, 149
平準法　69, 77
ペスト（黒死病）　133, 134, 191
ペソ銀貨（8レアル銀貨）　168, 173, 174
法貨　169
封建　12, 136, 145, 150, 161, 184
冒険貸借　90, 91, 176
胞族　36, 37
法定市　144
ポエテリウス・パピリウス法　56
簿記　177, 178, 180, 181
ポトシ銀山　168, 169
保有　112-114, 137, 140, 142-144
ポリス　10, 37, 63, 67, 82, 83, 89

ま 行

マグリビ商人　185
マデイラ　116, 196
マディーナ　157
マドラサ　128, 131, 157
マヌ法典　40
マムルーク　145, 146, 157, 170
ミスル　157
ミタ　43, 74, 75
ミトマク　44, 45, 74
ミルク　139, 162
ミーリー　162
ムシャーラカ　176, 177
ムダーラバ　176, 177
ムドゥンラ　73
ムフタスィブ　59, 158

や 行

焼畑（切替畑）　23, 24, 28, 29, 100, 132
ヤナ　43, 44
邑　48, 63, 64
ユノ・モネタ　83
ユリウス暦　118, 119
ヨアヒムスタール　117, 168
徭役　41, 86, 115, 163
用益　44, 132, 133, 138, 142
浴場　58, 66, 71
ヨーマン　144

ら 行

ラウレイオン　55, 83

ラティフンディウム　52, 56, 57
ラテラノ公会議　125, 180
ラージャン　39
力役　41, 50
リックス・ダラー　168
律令　51, 61
領域　46, 138, 148, 150, 159, 160, 183
両替　82, 89, 180, 181
両税法　162, 164
良賤　61
領民　138, 140

輪番　43
ルーム船　186
レイトゥルギア　95
レガール　160
レコンキスタ　145
レバノンスギ　32, 102
ロンカリア立法　117, 159
ローマ法　150

わ　行
ワクフ　128-131, 139, 162
倭寇　173, 192, 194

【著者略歴】

児島秀樹（こじま・ひでき）

1953年	愛媛県宇和島市 生まれ
1987年	中央大学大学院経済学研究科博士後期課程修了
現　在	明星大学経済学部教授　博士（経済学／中央大学）
主要著書	（共訳）『コンピュータで歴史を読む』（有斐閣，1997年）
	『西洋経済史のツボ』（学文社，2010年）
主要論文	「経済史入門の手引き」(2016年)
	「英領西インド植民地の奴隷制廃止と補償問題 (1, 2)」(2014, 2015年)
	「英国奴隷貿易廃止の物語（その4）：ゾング号事件」(2013年)
	いずれも『明星大学経済学研究紀要』他

経済史の種　Ⅰ

2017年3月20日　第1版第1刷発行

著者　児　島　秀　樹

発行者　田　中　千　津　子
発行所　株式会社　学　文　社

〒153-0064　東京都目黒区下目黒3-6-1
電話 (03) 3715-1501 ㈹　振替 00130-9-98842
http://www.gakubunsha.com

落丁・乱丁本は，本社にてお取り替えします。　◎検印省略
定価は売上カード・カバーに表示してあります。
©2017 KOJIMA Hideki Printed in Japan　印刷／シナノ印刷㈱
ISBN 978-4-7620-2717-8